JN441355

닿을 듯 닿을 수 없음에

닿을 듯 닿을 수 없음에

초판 1쇄 인쇄 2017년 5월 12일
초판 1쇄 발행 2017년 5월 19일

지은이 민감성

발행인 장상진
발행처 (주)경향비피
등록번호 제2012-000228호
등록일자 2012년 7월 2일

주소 서울시 영등포구 양평동 2가 37-1번지 동아프라임밸리 507-508호
전화 1644-5613 | **팩스** 02) 304-5613

ISBN 978-89-6952-177-4 03810

· 값은 표지에 있습니다.
· 파본은 구입하신 서점에서 바꿔드립니다.

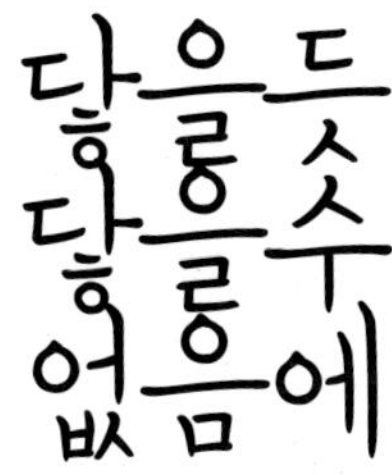

민감성 지음

경향BP

작가의 마음

이토록 각박한 세상, 글이 전해주는 자유로움을
누리며 산다는 것.
단순히 쓴다는 것, 페이지를 채워간다는 것이 아닌
한 사람의 마음을 담을 수 있다는 것.

그 담긴 마음을 나눌 수 있다는 것이 글이 주는 매력 같습니다.

당신은 틀리지 않았다.

다만, 약간 다를 뿐. 글을 쓰는 필자처럼.

닿을 듯 닿을 수 없음에

새하얀 도화지를 가득 채워버린 그 아이는
닿을 듯 닿을 수 없음에 처마 밑 고드름처럼
나를 이토록 애타게 하는지.
붉은 사과를 베어 문 작은 입술조차 안아주고 싶더라.
녹아버린 마음이 스며들어 계절의 풍경을 적신다.

#과정

상처보다 더 아픈 것이
치유의 과정인 것 같다.
떠나간 입술보다 따뜻했던 품이
더 그리운 것처럼.

하나를 더하는 건 쉽더라. 하나를 빼는 게 어렵지.

#유난히 밤공기가 차다

매번 남겨진 흔적은 뒤척이며 잠 못 드는 깊은 밤, 공허한 마음 결에 멍한 시선과 함께 마음으로 스민다. 기억이란 공간은 의도하지 않은 순간 펼쳐져 사소한 그대 흔적에 눈가를 적시게 한다. 작은 흔적조차 차가운 바람이 되어 이 마음을 쑤신다. 아무렇지 않은 척 하루를 살아가지만 서성이는 발걸음은 또다시 불 켜진 그대 창가처럼 괜한 떨림을 전해준다.

#불 켜진 창가

너무 선명한 사랑이었다. 무심코 바라보는 곳마다 항상 바보처럼 나를 졸졸 따라다니던 너였다. 그런데 지금은 두 걸음 멀어져버렸다. 길 가다 만나는 너와 닮은 뒷모습에도 움찔거리는 내가 되었다. 영화 같던 우리 사랑은 평범한 삶 속에서 달달한 노래가사 같기도 하였고, 빗소리를 타고 흐르는 슬픈 발라드 같기도 하였다. 그래서 그렇게 영화처럼 끝나버린 걸까.

가끔, 네가 다시 찾아올 것만 같아서 내 향기가 지워지지 않게 그때 그 모습 그대로 함께 했던 공간들을 서성인다. 차가운 음성과 낯선 네 눈빛을 마주할 테지만 선명한 네 미소와 따스한 눈빛이 가득했던 지난 봄날을 가끔은 걸어본다. 둘이었던 그 공간을 둘러보고 추억의 향기를 좇다보면 불현듯 그 공간에 홀로였다. 거리의 수많은 사람들 속에서 타임머신을 타고 과거로 다녀온 듯했다. 되뇌고 되뇌어도 흐릿해진 기억 속 너는 여전히 아름다웠고, 나의 모든 순간 바라볼 수 있는 그런 사람이었다.

순간의 감정으로 놓아버린 건 아닌지 가끔 생각의 언덕을 올라본다. 여전히 따스한 바람이 불지만 그곳엔 네가 없다. 걸음이 엇갈리고 말았을까. 사랑도 가끔 확인이 필요하다고 하지만 네가 나와 눈을 마주하고 같은 음식을 먹고 같은 곳을 바라보며 눈물을 흘리는 순간들이 이미 사랑의 확인이라 생각했다. 지나간 연인들 속 스쳐가는 인연으로 그렇게 우린 하나가 둘이 되어 각자의 길을 걸었다. 추억을 입은 그림자만 그때 그 시절 그 공간에 남겨둔 채 그렇게, 책상 위 스탠드처럼 날 밝혀주던 네가 점점 어둠 속으로 사라질 테지만 가끔 내 마음에 스며드는 이 이야기가 언제까지나 네 이야기였으면 한다.

불 켜진 창가의 수많은 그대들 중 하나인 내가, 그리고 네가.

#당신에게 물어요

고즈넉한 오후 창가를 바라보며 물어요. 어떠한 이유로 그대 마음에 닿을 듯 닿을 수 없는 것인지, 스밀 듯 스밀 수 없는 것인지. 한없이 마주한 당신인데 왜 가슴을 저미는 말 한마디 쉽사리 건네지 못하는 것인지. 그렇게 그대를 생각하는 시간이 자주 찾아오는 요즘, 물어요. 오늘 밤 또다시 창가에 묻겠죠.

어둠을 품은 나에게 달을 품은 그대가 밝게 답해주길 바라요. 매번 전하던 감정의 온도가 그대 마음의 온도로 데워지길 바라며 또 한 번 물어요. 내 마음으로 물든 창가를 같이 보자며.

#한 방울

조금은 이성적인 사람이 돼 보려 해. 감성에 취해 그린 그림이 두 눈에 뜬구름만 보낸 건 아닌지 걱정이 되어서.
짙은 감성으로 가득 찬 마음에 이성이란 작은 화살표를 더하면 옳은 길을 찾을 수 있지 않을까. 오랜 시간 담아온 마음처럼.

작은 파장은 때론 바다를 더 아름답게 몰아치게 해.

#너란 존재

'이별'이라 말하기에는 오늘 밤 어둠 속 피어난 '이 별'이 너무 밝다.
수많은 밤하늘을 빛으로 수놓던 그 미소처럼 말로 표현할 수 없이.

#스쳐간 사람들 그리고 스며든 사람들

푸름을 내뱉는 하늘은 종종 연놀이를 즐긴다. 마치 마리오네트처럼 수천 가지의 실타래를 가지고. 그래서 스쳐간 사람들이 서로의 기억 속에 영구파일로 남아버리기도 하고, 아주 가끔 하늘의 실수로 소중한 연의 실이 끊어져 멀리 날아가 버리기도 한다.

그렇게 스쳐간 사람들은 하루에도 수십 명에서 수백 명씩 푸른 하늘의 햇살 아래 비행을 한다. 작은 스파크는 인연이라는 연결고리를 만들기도 하고, 큰 스파크는 두 연을 엉키게 해 악연을 만들기도 한다. 종종 나 같은 방패연을 날려 그림자로 만들기도 하고, 이슬이 내리는 어둠 속에 숨기기도 한다. 스며든 사람들과 스쳐간 사람들 모두 연에 매달린 실을 통해 지구를 돌고 돌아 다시 만나기도 하고, 서로의 반대 방향으로만 걷기도 한다.

오늘도 내일도 하늘의 연 날리기는 계속되겠지?

#달빛 아래 그댈 보며

빛나는 너와 함께 나를 그려봐. 어딜 가도 항상 곁에 머무는 달이 오늘 밤도 그대의 어둠을 밝혀줄 거야. 그댄 그저 달빛처럼 밝은 미소만 품고 잠들길 바라.

고민과 고난 속에 찾아오는 눈물이 언젠가 선물이 되기를 기도해. 매일 밤 함께하는 저 달이 어둠 속에서 홀로 그댈 지키려 노력하는 것처럼 누군가를 위해 내일 하루 달빛 머금은 미소로 환히 웃어본다면, 누군가에게 빛을 준다면 별빛만큼 반짝이는 마음이 될 거야. 그러면 요즘 별을 보기 힘든 이유를 해결할 수 있을 거야. 작은 별빛들이 모여 어둠을 밝힐 테니까. 그렇게 거울 속 나에게도 환히 웃는 너를 그려봐.

#연결고리

사랑이란 수억 가지 감정 혹은 감성의 연결고리는 우연히 마주한 그대의 그림자조차 품어버린 사랑하는 이의 작은 손짓에서 피어난다. 피어난 꽃이 아름다운 건 이해와 신뢰 그리고 무뎌짐을 이겨낸 숭고한 시간들 속에서 함께한 걸음이 있기 때문이다.

그렇게 자라난 새싹이 푸른 동산을 만들듯 사소한 감정에서 자라난 감정의 아지랑이 또한 벚꽃을 휘날리게 하여 꽃내음 나는 사랑을 완성시킨다.

#걸음

겨울의 추위를 이겨낼 꽃처럼
눈길을 함께 걷다 보면 시련은 다 녹을 거야.
우리가 피어날 봄날에는 꽃길만 걷자.

걷자. 햇살도 우리를 밝혀.

#시기

아픔을 모르고 사랑했다고 하지 않을게.

내 마음은 너로 가득 차 있는데 왜 이렇게 아픈 건지.

이미 아픈 사랑도 저 멀리 걸어가고 있는데 말야.

이미 저 멀리 걷던 아픔이 발견 못한 뒤늦은 나의 그림자.

#그대로

허겁지겁 달려간 지하철역. 삑-. 나와 같은 청춘들이 꿈꾸는 사원증. 오늘도 달려보자고, 나 잘하고 있다고 말하는 듯 출석을 체크한다. 그렇게 역사 안 승강장에 섰다. 한 발자국 늦은 것인지 승강장을 휙 스쳐지나가는 지하철. "다음 열차를 이용해주시기 바랍니다."라는 말과 함께 뒤도 돌아보지 않고 떠나버린다. 그걸 보면서 가끔 생각한다. 나의 인연들도 그렇게 휙 스쳐지나간 것 같다고. 머릿속 휴지통은 그 기억들을 애써 지우려고 하지만 마음속의 폴더는 한편에 비밀번호를 걸어 잠가두고 있는 것 같다.

사랑을 하는 데는 이유가 필요 없고 절차와 형식도 필요 없었다. 갑자기 찾아온 새하얀 첫눈이나 여행 중 우연히 들어간 낡은 가게의 음식이 기가 막힌 것처럼 자연스럽게 다가오는 것이었다. 하지만 이별은 사랑과는 달랐다. 회사의 업무처리 만큼이나 까다로웠고, 기숙사의 규정만큼이나 엄격했다. 분명한 이유가 있어야 했다. 왜 그렇게 이유가 많았던 것인지 지금 생각해보면 웃음이 나기도 한다. '우리의 사랑은 행복했지만 이러한 이유로 헤어져야 해.'라고 속마음을 포장하려 했던 서로의 모습이 살며시 그려지기도 한다. 그렇게 나에게 사랑은 다가오는 차를 기다리는 초조함과 열차가 도착한 푸른 바다의 하늘빛만큼 가슴 벅찬 기분이 공존하는 것이었다.

예전엔 '내 사람, 내 사랑에겐 잘해야지.' 하는 생각이 커서 정직한 이 마음에 어울리지 않은 옷을 입히고 그 사람에게 맞추려고 하다 보니 자주 과부하가 걸렸던 것 같다. 사랑 앞에선 답이 없다. 계절도 자연스레 옷을 갈아입듯이 마음이 가는 대로, 몸이 가는 대로, 나란 사람 그대로를 보여주는 사람이 되어야겠다. 그리고 너란 사람 그대로를 사랑하는 사람이 되어 보려 한다.

#젓가락도 짝이 있다

홀로 마주한 식탁에서만큼 정적이 흐르는 때가 없다. 마음은 얼어버리고 두 눈은 의식을 잃은 채 무의식 속에서 젓가락 행진곡의 박자를 맞춰 갈 뿐이다. 함께한다는 것, 누군가 함께한다는 것의 소중함을 잃은 지도 오래되었다. 그 아련함의 조각조차 마치 없었던 것처럼 느껴진다. 그리움이란 단어를 한 모금 담배에 뱉은 지도, 보고픔이란 단어를 술 한 잔 안주로 씹은 지도 언제였는지 기억나지 않는다. 회상해본다.

언제였을까, 누군가와 함께한다는 것이 행복해 감정 놀이를 했던 것일까. 떠나간 사랑에 관하여, 지나간 연인에 관하여. 스쳐간 인연일 뿐이었던 건지. 감정이란 고리는 움직임을 멈추어버린 오래된 시계처럼 그 시간 그 공간에서 뿌연 먼지만 쌓여간다. 무기력을 없애보려 노력해본다.

노력 뒤의 허무감은 이루 말할 수 없다. 짝을 잃어버린 젓가락이 되어간다. 감성에 취해 주정을 부려봐도 노트북 속 글자들만 춤출 뿐이다. 활자들만 내 눈치를 살피기에 이리저리 바쁜 것 같다.

어느새 봄내음이 두 볼을 적셔온다. 꽃향기도 일어
날 준비를 한다. 사랑하는 이의 손을 잡고 일어나
야겠다. 모두 사랑하자. 젓가락도 짝이 있으니.

#텅

나는 이렇게도 가득 찬 마음인데, 내 곁의 그댄 항상 텅 비어 있네요. 말뿐인 사랑이라면 그대란 사람이 가끔 나에게서 텅 비었으면 좋겠어요. 난 오늘도 이렇게 또 그대만을 채워가니까.

#작은 행복

눈부심을 좇는 화려한 별보다 작은 어둠을 밝히는 은은한 별이 되려 해.
무심히 바라본 하늘에 그댈 웃게 하는 그런 별. 오늘도 빛났어. 너의 걸음.

천천히 걸어온 그 길만큼 단단한 길이 있을까.

#안아줘

울컥함은 예고 없이 찾아와 너에 대한 그리움이 흐르게 해.

예고 없이.

#울림

그대 마음을 적신 내 그림자를 따라 걸었다. 발자욱을 따라 걸었다. 한참을 그대 눈가를 적신 나란 사람의 그림자를 따라 걸었다. 미소가 참 예쁜 너였기에 매일 달빛이 우리 둘의 마음에 노란 빛으로 수를 놓았다. 그 빛이 창가에 스미는 새벽녘이면 나는 수화기 너머 그대 작은 숨소리에도 설렜고, 낮은 목소리가 동굴 속 울림만큼 깊어졌다. 웃는 게 예쁘다고 그대 잠들 밤이면 이 마음을 노란 연에 태워 보내곤 했다. 그러던 나였기에 그림자를 따라 걷는 순간, 그대가 흘리고 간 아픔을 이 마음에 담았다.

얼마나 아팠을까. 그림자조차 어둠 속에 숨어 천천히 그대가 걸어간 그 길을 따라 걷는다. 아픔만은 내가 챙겨 갈 테니 오늘 밤은 그 예쁜 미소만 가득 품길. 검정 크레파스로 가득 덮인 그대 마음이겠지만 나란 스크래치로 무지갯빛 행복이 떴으면 좋겠다. 그 꿈속에선 내가 아니면 좋겠다.

#모습

여러 성장과정을 거쳐 지금의 나와 마주했지만 결코 부끄럽다고 말할 수 없다. 그러한 시간의 물레방아가 돌았기에 지금의 내가 있는 것이다. 어떠한 길을 걸었든 걸어온 발자취를 돌아보면 많은 이야기들이 짙은 향기들을 품고 있으니 말이다. 살아온 날들을 말하거나 살아갈 날들을 그리기엔 우린, 아직도 걷고 있다.

그렇게 걷는 시간들이 지금 마주한 내가 되기에.

#파장

아무렇지 않은 척 웃지만 아무렇지 않은 척 슬퍼요. 감정에 솔직한 사람인데 나도 모르게 숨겨요. 하루를 걷다 보니 그림자조차 나에게 실망하는 눈치예요.

힘듦도 행복도 내 안에 흐르는 파장이에요.

#그가 걷다

그댈 앞질러 걷다 보니 문득 많은 생각이 스쳐온다.
'그대 그림자 없는 이 길을 나는 혼자 걸을 수 있을까?'
사랑하고 있는데 괜스레 불어오는 생각의 바람이 참 밉다.

그댈 향해 걷고 있는 거라고 말해줄래요.

#그녀가 걷다

그댈 따라 걷다 보니 문득 많은 생각이 스쳐온다.
'그대 발자국 없는 이 길을 나는 혼자 걸을 수 있을까?'
사랑하고 있는데 괜스레 스며오는 생각의 파도가 참 밉다.

그댈 향해 걷고 있는 거라고 말해줄래요.

#사람 그리고 사랑

갑자기 찾아온 빛이 가슴에 부딪혀
두근거리는 심장박동이 몸과 마음을
무의식으로 이끌고 가는 느낌.

무의식 속 생각나는 사람, 무방비 속 찾아와버린 사랑

#아름다운 그대에게

바다가 품은 눈부심보다 마음속 그대 꿈이 더 아름다워. 누구나 살면서 많은 꿈을 꾸며 잠들곤 해. 그리고 매일 아침이면 꿈을 향해 발걸음을 내딛곤 하지.

많은 과정과 경험 속에서 우린 열정이란 소중한 땀방울로 온몸을 적시곤 해. 그렇게 하루가 흐르고 그렇게 또 다른 하루와 마주하며 점점 성장하는 나와 만나게 되더라. 그대 마음속에서 완성되고 있는 지도 한 장이 언젠가 보물이 숨겨져 있는 그곳을 알려줄 거야. 빼곡한 그대 마음속 페이지에 한 줄 글귀를 적는다면 "오늘 하루도, 잘해냈다."고 적어줄래?

#숲 속을 걷다 보니

기억의 숲을 하염없이 걷다 보니 문득 마주한 추억의 늪이 너무 깊어. 무심히 지나쳤던 너와의 순간들로 가득하더라. 곳곳에 묻어나는 아련함의 발자취는 내 발걸음을 안내한다. 이 길과 마주한 나는 네가 행복하게 걷길 바라.

만약 나와 같다면 잠시 고요함을 품어줄래. 우리가 마지막으로 마주했던 그 순간처럼.

#사랑의 끓는점

사랑의 끓는점을 찾다 보니 가장 가까우면서도 멀어지는 오늘 밤 헤어지는 우리의 걸음에 있더라고. 가장 가까운 내 품속에 네 마음이 닿을 때. 가장 먼 네 품 속에 내 마음이 스칠 때. 마음의 온도가 이토록 식힘과 데움을 겪고 나니 널 향하던 나의 마음이 그날 밤 고장나버린 것 같아.

#채움

차디찬 이슬을 흘리던 너에게 따스한 햇살을 머금은 미소만 건네려 해.
식어버린 마음만 품었던 나에게 따뜻한 마주함만 주었던 너였기에.
서로의 품에 안긴 우리 두 사람, 그렇게 부족한 마음만 가져가.

부족함이 있다면, 그댈 덜 안아주었던 것.

#하루만

하루에도 수많은 스침을 마주해. 우연히라도 이 마음이 그 마음에 스미길 기도해.

그리고 한 번만. 우리 둘의 행복만.

#그림자

난 그 자리에 있었는데, 네 곁에서 언제나 마음 졸이며 네 마음에 어둠이 몰려오면 사라지는 그림자였다. 항상 그 자리 그 곁에 머물렀어.

사랑은 할수록 배워가는 것 같더라. 단순히 "좋아해.", "사랑해."라는 감정의 소모품 같은 말이 아니라 너를 바라보는 내 마음은 가끔 벚꽃 잎으로 가득했고, 낙엽이 바람결에 날리듯 위태로웠다. 따스한 여름 햇살에 흐르는 땀 같던 진한 눈물도 다녀갔다.

정말 '사랑'이란 마음이 이렇게도 많다는 걸 배웠다. 그게 내 마음을 이렇게 변하게 할 줄이야. 많은 것을 알려준 너에게 고마워. 추억을 잡을 순 없을 거야. 기억을 돌이킬 순 없을 거야.

다만, 조금 더 그대가 행복하길 바라기에. 지난날의 그대 곁 그림자가.

#이별을 삼키기엔

오늘 밤 달빛이 너무 달더라. 이 달이 빛을 잃는 순간, 우리는 이별을 하겠지. 강은 흘러 바다가 되는데 우리의 시간은 흘러 너와 내가 각자의 길을 걷게 하겠지. 달빛이 비춘 거리에서 눈빛을 마주한 너와 나였기에 한 걸음 한 걸음이 어렵더라.

그렇게 어렵게 마주선 너인데 어쩜 이렇게 쉽게 돌아서버렸는지. 유난히 오늘 밤 바라본 달빛이 달아서 슬픔은 뱉고 행복만 내뿜고 싶더라. 달빛 아래 우리 두 사람에게 말이야. 별빛 아래 너에게 말이야. 빛바랜 별이 아니었음을. '추억해'가 아닌 '행복해'가 뜨기를 바라며.

잠 못 드는 이 밤에.

#무게감

처음엔 다 그래. 잘해준다고, 항상 곁에서 지켜준다고. 그런데 마지막은 꼭 그래. 사랑하는데 많이 지쳤다고.

"한결같다."는 말이 새삼 참 무게감 있는 단어라는 생각이 든다. 사랑하는 사람들에게 말이야. 널 사랑하는 나도, 세상에서 나만 보는 너도 중력을 이겨낸 무게감으로 서로에게 기대고 있는 것 같다.

#이별이 유일했던 날

단지 불어오는 새로운 계절의 바람이 널 데려가진 않았을 거야. 네가 유난히 말없이 웃던 그날, 우리가 할 수 있는 건 이별이 유일했던 날이 아니었을까. 닿을 듯 닿을 수 없는 서로의 마음을 배려한 그날이었을 거야. 처음이자 마지막 배려는 마음의 서운함만이 아닌 내 곁의 너조차 데려갔으니까. 매일 걷는 이 길도 너의 기억만 남겨 놓았을 뿐, 너의 향기는 이미 오래 전부터 존재하지 않았던 것처럼 새벽녘의 밤공기만 차가운 숨결을 전한다.

그렇게 같은 시간 우린 다른 방향에 의미를 더해 걸었어. 마지막으로 잡아본, 그렇게 놓아버린 네 손도 그걸 알았던 건지 너무도 따뜻해서 아직도 내 손은 너의 온기를 못 잊는 것 같아. 유일했던 그날을 다시 걷는다면 나는 너를 붙잡았을까? 생각에 잠겨 묻고 물어. 정말 이별이 유일했던 날이었는지 유난히 담담했던 나에게 묻고 물어. 유달리 느꼈던 건 아닌지.

#나로

세상 속 나란 사람은 단 한 명뿐인데 살다 보면 내가 아닌 척 살려고 애쓰게 된다.
다른 사람이 아닌 척 애쓰며 살아보는 건 어떨까.

나라는 단어는 그 어디에도 없더라. 잊을 뻔했다. 가장 중요한 문맥을.

#여전히

네가 떠난 마음속 세상은 짙은 어둠으로 가득해.
홀로 어두운 밤을 또 견디며 두 눈으로 바라본 수많은 별빛처럼 빛나던 두 사람의 모습을 맘속에 품어 혹여나 놓쳐버릴 우리 모습을 기록해.

널 생각하는 오늘 밤 공기는 여전히 좋다.

#함께

우린 반으로 나뉘어도 함께 할 때가 가장 아름다워. 푸른 하늘 저 멀리 비행을 꿈꾸던 나와 늘 그 자리에 있는 푸른 바다의 잔잔함을 느끼던 너. 다른 듯 같았던 우리는 같은 공간 안에서 다른 시간을 그렸지. 바다의 잔잔함은 흔들려 출렁였고, 하늘의 시원함은 서운한 바람을 불러 왔다.

그렇게 반으로 나누어져 하늘도 바다도 서로의 등 뒤만 바라볼 뿐 마주할 수 없었다. 아름다움은 사라졌다.

푸른 하늘엔 어둠이 찾아왔고 푸른 바다엔 파도의 울먹임이 몰아쳤다.
함께할 때가 가장 아름답더라. 바다를 닮은 너와 하늘을 닮은 나는.

#하늘

빗소리가 적시는 게 그 마음만은 아닐 거야. 가끔 하늘도 우리처럼 아프거든.
하늘이 뭐가 그리 슬픈지 하염없이 눈물을 흘린다. 한없이 푸르던 하늘도 오늘은 기대고 싶은지 아픔을 흘린다. 어둠으로 모른 척 안아주려 불을 꺼준다.

하늘을 벗 삼아 오늘 밤 그 품에 기대보려 한다. 그대가 남 몰래 숨겼던 슬픔도 빗소리에 답답한 이 마음도 씻어주는 하늘이 오늘 밤, 새삼 고맙다. 어둠 속에 펼쳐놓은 검정도화지에 빛나던 그대 행복한 마음만 수놓자.

내일 밤엔…….

#핑계

이별의 핑계에는 여러 가지 경우의 수가 있다. 지난날을 함께 한 우리는 잊은 채 다가올 계절에 대한 두려움만 표한다. 사랑하기에 헤어진다는 마음의 모순이 등장한다. 마음이 식어서 돌아선다는 직접적 표현은 등 뒤에 숨긴 채 마지막까지도 달콤한 말로 겉만 화려하게 포장하기에 여념이 없다. 나는 유난히 감성적이지만 지극히 현실주의자다. 돈이 없다면 굶지 말고 그만큼의 노동을 통해 배를 채워야 한다고 생각한다.

사랑도 마찬가지로, 식어가는 마음의 온도는 결국 그대를 향한 내 태도에서부터 파생된다. 이별을 선언하려면 핑계가 아닌 진짜 마음을 전하려 한다. 과거의 나 역시 수많은 핑계로 이별을 경험하고 선택했지만 사랑에 노하우는 없다. 다만 사랑이란 건 매번 달콤하고 이별이란 건 매번 아프다는 걸 우리 모두 알고 있을 뿐이다.

똑같은 사랑은 없다. 과거든 현재든 사랑은 모두 소중하다. 그렇기에 많은 이별의 경우의 수를 알고 있음에도 결국 아픈 것 같다. 아픔을 알지만 우린 사랑하고 만다. 사랑하는 사람이 있다면 미루지 말고 오늘 하루 미친 듯 사랑하련다.

불현듯 아픔이 찾아올 수도 있으니.

#기억

울렁이던 파도가
울먹임을 품은 너처럼,
슬며시 불어 온 바람이
슬픔을 머금은 나처럼
우릴 기억해주곤 해.

다들 기억하더라. 그런데 우린 추억하더라.

#스펀지

낯설음이 낯익음으로 바뀌는 순간, 다가선 마음이 다 닳은 마음이 될까 두려워 말고 낯익음에 익숙한 사랑도 듬뿍 머금을 수 있는 품을 줘. 서로의 마음을 흡수해보자.

하나의 마음처럼.

처음 서로에게 흡수되었던 그 마음처럼 그렇게, 두 손 꼭 잡아줘. 마음으로 사랑으로 말이야.

#마음의 문턱

못생긴 마음에 들어온 따스한 햇살이 있었다. 못생긴 마음은 자신에게 상처를 심곤 했다. 상처의 새싹들은 싹을 피웠고 세상의 시선 속에 커져갔다. 그렇게 상처만 가득한 숲을 만들었다. 그러던 어느 날 숲에 따스한 미소를 머금은 한 소녀가 다가왔다. 소녀는 우거진 숲 속을 걷다 보니 어느덧 마음의 문턱 앞에 서게 되었다. 그 마음의 문턱 너머에는 푸른 멍이 든 바다가 있었고 차가운 숨결의 바람이 불었다.

그 언덕에 소녀는 자신이 가져 온 사랑이란 씨앗을 심었다. 그리고 매일 따스한 마음이 담긴 눈물을 주었다. 그렇게 몇 해가 지났을까? 사랑의 씨앗은 마음의 문턱에 어울리지 않는 꽃을 피웠다. 서툴고 부족한 마음이지만 소녀는 사랑이라는 씨앗의 곁을 지켰다. 그렇게 못생긴 마음을 두드렸다. 시간이 흐르자 푸른 멍이 가득했던 바다는 푸르른 빛을 머금었고, 상처의 숲은 따스한 숨결로 가득해졌다. 못생긴 마음도 소녀의 사랑을 알게 된 것인지 가시로 가득했던 숲 속이 점점 달빛의 노란 햇살로 빛났다.

소녀는 작은 집을 지었고, 두 개의 문을 만들었다. 하나는 입구였고 하나는 마음의 문턱 끝 상처의 숲과 이어지는 문이었다. 그러던 어느 날 갑자기 소녀가 보이지 않았다. 매일 밤 별빛의 반짝임을 노래하던 소녀가 보고 싶었다. 마음의 문턱은 매일 밤 달빛을 벗 삼아 어딘가 있을 소녀를 위해 노래를 불렀다. 마음의 문을 두들기기 위해서. 그렇게 아름다운 별빛으로 마음속에 수를 놓으며 가슴 한편에 다녀간 소녀를 위해 사랑의 노래를 부른다.

#농익은 감

내 손에서 터져버린 농익은 감은 마주한 순간 내 마음에게 은은한 달달함을 주었었다. 나는 두 손에 담아 달달한 순간만을 즐기다 취해버렸다. 그 달달함에 취해 잡아버린 또 다른 감은 이전의 것과 달랐다. 겉모습만 같을 뿐 달콤한 향기 뒤엔 거칠고 익지 않은 마음을 숨기고 있었다. 지난날의 농익은 감이 그립다.

그 순간의 달달함이 아닌 진지함으로 겉모습이 아닌 마음을 읽었다면 다른 마음이 갈 수도 있었을 텐데. 농익은 감이 내게 전한 은은한 향기처럼.

#등진 걸음

이별이 빛을 잃고 각자의 방향으로 흩어진 날, 정말 우린 다를 거라 믿었어. 그런데 이 아픔은 왜일까. 그 누구도 먼저 쉽사리 다가서지 못하는 두 사람은 왜 이리도 같은 마음처럼 아픈 걸까. 착각인 걸까. 그날의 등진 걸음처럼.

#연

스쳐가니 스며들길 바란 나인데
지쳐가니 지나가길 바란 너인데
우린 다른 곳을 바라보며
서로 같은 곳을 기다린다.

내가 지나면 안 될 연인데. 마주서야 할 연인데, 네가.

#한숨

숨이 벅차오르면 어때. 어차피 뱉어버릴 숨인데.
그렇게 지나갈 거야. 이 순간의 어려움도 숨지 말고
부딪쳐보자.
그대 한숨도 무심코 내뱉어 봐.

어차피 지나갈 숨이라면 숨지 말아요. 그 내뱉은 숨이 언젠가 따스한 솜이 될 테니까.

#담다

담아본다. 작은 액자에 갇힌 지난 날 아름다운 추억조차 이야기라는 향기만 머금은 채 간직된다. '나는 오늘 무얼 담아볼까.' 멍하니 서서 한결같은 바다만 바라본다. 괜스레 걱정이 되지만 평소와 같이 휴대폰을 들었고 등진 두 사람의 모습과 바다를 품에 안은 하늘이 보였다. 그 모습을 질투했는지 아름다운 하늘의 품에 안기고픈 사람이 만든 구조물도 보였다.

곰곰이 생각해본다. 오늘 하루 마주한 것들, 스쳐간 것들 중 마주선 것이, 스며든 것이 있는지 말이다. 억지로 담으려 했던 건 아닌지. 사랑에 관한 기억도 꿈에 대한 마음도 뭐든지 무작정 담다 보면 정작 담아야 할 한 장의 사진을 잃어버리게 될 테니까. 오늘 하루를 잘 담았는지.

지친 그대의 두 눈에 하늘을 선물해보는 건 어떨까. 어쩌면, 그댈 하늘이 품어줄지도 모르니.

#좋다는 표현

좋은 거 좋다고 해요. 세상에 좋은 일보다 싫은 일이 얼마나 많은데.
오늘 밤 어떤 생각에 잠 못 들고 뒤척이며 끙끙거리는 그대라면 좋다고 하세요.
그거 신경 쓰이는 거니까. 사소한 관심도 마음이 좋다고 표현하는 거예요.

#긍정의 미소

가볍다 느끼는 순간 세상은 새삼 그리도 가벼워지고, 무겁다 느끼는 순간 세상은 모든 중력을 짊어진 채 한없이 무거워진다. 그렇게 마음의 저울은 긍정과 부정의 저울질로 한없이 중량을 달아 그대에게 전해진다.

한없이 푸른 하늘은 없다. 가끔 눈물로 감정을 표하고, 눈꽃을 흩날려 부끄러움을 숨기고, 돋아나는 새싹들로 새로운 마음을 먹는다. 어제를 반성할 시간은 충분히 필요하지만 굳이 오늘의 걸음에 그 무게를 담을 필요는 없다. 다만 반성의 그림자는 함께여도 좋다. 긍정의 미소가 더욱 짙은 아름다움으로 피어날 테니.

#바람

자주 바라본 곳이 바라는 것이 되기를 기대해 봐.
자주 마주한 것이 마주선 곳이 되기를 기다려 봐.
가끔은 바람이 불어오길 바라. 그대 마음이 뜨겁다면.

뜨거운 마음을 가졌다면 태양을 피하진 않을 거야.

#관계

그윽한 연기도 품어버린 그대 기억을 한없이 태워보니
다가선 추억이 바람 타고 그대 곁을 떠나가려 해.
타들어가는 마음조차 여기까지라는 생각이 든다.

마음을 담는 공간이 낡아버린 기억의 페이지가 되었어. 이젠, 정말 안녕.

#스웨터

너란 밝은 미소를 담기엔 내 마음이 종종 갇혀 있다 생각해. 나는 액자 속 너만이 아니라 그대의 어둠조차 안아주는 하늘이 되려 해. 너와 내가 다른 것임을 알았기에 인정과 존중 속에서 사랑이란 실타래를 풀어볼게. 네 마음을 안을 수 있는 따뜻한 스웨터가 되는 날까지.

#사소함

어떤 사소함이라도 물 한 모금처럼 소중하다. 소중했다. 익숙한 새벽녘인데 내겐 너무 낯설다. 공기마저도 이 마음 채우지 못해서 아침이 다가올 때면 아무것도 보이질 않아. 그대 없단 생각에 말이야.

아련한 해질녘인데 내겐 너무 아프다. 노을마저도 그 마음 숨기지 못해서 아픔을 토해낸다. 어둠이 다가올 때면 그마저 나오질 않아. 그대 없다는 슬픔에 두 눈을 감아버려. 그마저 잃어버릴까, 그마저도 사라질까 봐. 물 한 모금이 소중한 생명수로 느껴진다. 네가 없으니. 사소한 이 마음에 소중한 네 마음이 필요하다. 이 마음 목말라해, 널.

#비가 온 다음 날, 맑은 날씨는 오지 않았다

멀어지는 발자국이 계절에 물들어 녹아버린 시간에도 등을 마주한 채 한참을 걸었다. 그렇게 걷다 보니 눈송이가 소복한 계절에도, 거리에 외로운 낙엽이 휘날리는 계절에도, 꽃 피어난 봄의 계절에도 덩그러니 남겨져 서로 멀어지는 걸음을 안아주지 않았다.

세 번의 이별이 다녀갔던 우리 사이에 이제는 시간이 아무 말도 하지 않는다. 매일 밤이면 서로의 창가에 기대던 달빛조차 일찍 잠이 들었는지 비가 온 다음 날, 맑은 날씨는 오지 않았다.

#자석

기다림은 또 다른 기다림을 만들고
다가감은 또 다른 다가감을 만들더라.
이젠 네가 내게 하기 나름이고
내가 너에게 하기 나름일 거야.

붙어야 할 운명이라면 지금일 거야.

#성장통

우뚝 선 나의 모습을 마음속 한구석에 적어나가.
돌아선 내 모습, 우두커니 서 있는 내 모습이 비춰지니
푸른 하늘도 오늘은 새파랗게 질려버린 내 그림자를
말없이 안아준다. 한구석 푸르름만 채워주려는지 말이야.

계속 커져가는 마음이 계속 작아지는 모습을 안아주려 해. 이 길을 걷던 너와 나에게.

#청춘

청춘은 갑자기 떠나는 여행처럼 종종 그 방향성을 잃기 마련이다. 나 또한 그러하다. 목적지를 정한다는 게 그리 쉬운 일은 아니다. 올려다 본 하늘도 가끔 목이 마른 땅을 위해 구름을 모아 비를 내리는 것처럼 갑자기 이루어지는 일은 없다.

내가 걸어온 길, 이 길의 언덕은 천천히 높아진다. 꿈이라는 생수를 파는 달빛 언덕 위 슈퍼는 우리에게 선택의 기회를 준다. 언덕의 높이를 감당해야 꿈이라는 물을 얻어 갈증을 날릴 수 있기에. 시원한 물 한 잔을 마시며 뒤돌아 본 그곳은 생각지도 못할 만큼 높은 언덕에 위치하고 있음을 알게 할 것이다.

바라본 곳이 바라는 것이 되기를 우린 바라며 마음속 작은 등대를 가지고 걷는다. 때론 뛰기도 하고, 지친 마음에 휴가를 주러 새로운 곳으로 여행을 가기도 한다. 문득 그런 생각이 들었다. 바라본 곳이 바라는 것이 된다면 언덕에 오를 필요도, 정상이란 달콤한 명함을 받을 필요도 없다. 그 언덕을 평평하게 만들면 되니까. 하지만 그러면 의미와 보람은 사라질 것이고 왠지 모를 허무감만 들게 될 것이다. 그렇게 우린 청춘이라는 페이를 사용하니까. 바라는 것이 바라본 곳에서 이루어지길 생각해본다.

오늘도 나는 너는 우리는 잘하고 있으니까.

#두 사람

달달한 사랑 듬뿍 발라 한 입에 베어 물고 다가온 너란 사람
담백한 마음 듬뿍 담아 두 눈에 가득 품고 다가선 나란 사람

1+1=두 사람

#이유

수만 가지 이별의 이유보다 화가 나는 건
이젠 내가 네 곁에 있을 수 있는
이유가 없다는 것일 거야.

이유는 또 다른 이유를 만들더라. 널 지우지 못하는 이유까지.

#또래

글을 쓰면서 많은 공감과 감성을 나눈다. 봄바람에 흩날리는 머리에 봄 아지랑이처럼 피어오르는 가슴을 가진 청춘들은 고민의 미로 속 아스팔트를 두 발로 누비고 있다. 직장과 꿈 그리고 사랑이 불안정한 온도 속에서 공존하고, 앞으로만 나아가야 하는 열차를 탄 우리는 정거장에서 쉬어갈 여유도 시간도 없이 돈이란 종이 쪼가리에 집착하는 어른 흉내쟁이가 되어간다. 쌀쌀한 세상 속 버스에 몸을 기댄다. 어린이 요금을 내기엔 지나간 날에 대한 나의 성장 과정이 그려지고, 어른 요금을 내기엔 나아갈 날에 대한 두려움과 설렘이 아직 많다. 두 마음이 시소를 타고 있다. 청춘의 기준은 무얼까?

나와 같은 마음일까? 캄캄한 악몽이 밤이면 나를 찾아오고, 등대는 어디 있는 것인지 그 빛을 찾을 수 없다. 내 청춘을 적셔줄 단비를 기다리기엔 시간이란 열차는 또 왜 이렇게 놓치기 쉬운 건지. 하염없이 달려감에 감성은 스쳐갔고 현실이란 종착역에 도착했다.

사랑에 관해 불안함이 엄습해오는 시기가 되었다. 중간고사와 기말고사를 두려워하던 내가 직장, 연봉, 결혼, 연애, 집안, 가족, 전세, 월세, 건강보험료, 국민연금, 적금 같은 내게는 찾아오지 않을 것 같던 단어들이 신경 쓰이기 시작했다.

아니, 이미 곁에 있던 것들을 바라보지 못했거나 모른 척했던 건지도 모르겠다. 세상에 나라는 존재는 딱 한 명 뿐인데, 어느 순간 무리의 일꾼이 되어 소속된 집단 아래 나의 행복은 지하철 보관함에 넣어두고 의무적으로 환승구간에 버스 카드를 찍어대고 있는 것 같기도 하다. 청춘이란 수식어가 예전에는 미소와 어울렸다면 지금은 그저 성장과정의 아픔쯤으로 느끼는 내 또래의 친구들과 같은 길을 걷고 있는 듯하다.

#억지로

억지로 만든 인연의 연결고리는 악순환하는 뫼비우스의 띠와 같다. 억지로 맞춘 퍼즐의 한 조각은 함께 모여 이루는 아름다운 풍경을 흐리기도 하기에 길가의 가로등 하나도 억지로 세워진 건 없다.

억지로 하는 걸 정말 싫어한다. 외부적 압력에 의해 실행당하는 컴퓨터 명령어처럼 살고 싶진 않다. 자연스레 휘날리는 낙엽에도 낭만이 있고, 그조차 쓸쓸한 가을 거리와의 조화를 이루기에 말이다. 살다 보면 억지로 하는 것이 많다. 내가 싫은 건 남도 싫은 것. 억지로 명령하는 사람이 되지 말아야지. 달빛도 아침이 눈을 뜰 때면 자취를 감춘다. 해님도 달님이 눈을 뜰 때면 지긋이 몸을 낮추기에 말이다.

#청춘전용

누군가 정해주지도 말해주지도 않는 우리의 목적지는 어디에 있을까. 무수한 도움닫기 속 '실패는 성공의 어머니'라는 뻔하디뻔한 자기최면과 취업난 속에서 두통약으로 학자금의 삶의 무게를 짊어지고 시작하는 도움닫기엔 무슨 의미가 있을까. 흙수저니 금수저니 하는 말이 번져가도 매일 밤 스펙을 쌓기 위해 졸며 지새우던 시험 전날 밤 벼락치기와 같은 전쟁을 치른다. 점점 총알 없이 전쟁터로 걸어가야 하는 상황이 심해지는 것 같다.

가장 중요한 문맥은 여기에 있다. 시대는 평화를 원하며 전쟁 없는 세상을 바란다. 평화만 있다면 전쟁이 없을 것이고 전쟁이 없다면 총알도 필요 없을지 모른다. 지금은 평화를 원하는 세상에서 총알을 챙기라고들 말하는 것처럼 들린다. 그렇다면 이 총알의 의미는 과연 무엇일까. 그게 궁금하다. 성공이라는 물 한 잔 벌컥 마시기 위해, 꿈이라는 달콤한 초콜릿 베어 물기 위해 이토록 숨이 차도록 걷고 걷는 것인지. 생각의 미로에는 원래 출구가 없는 건 아닌지 괜한 의심만 늘어간다.

아프니까 청춘이란 말을 별로 반기지 않는다. 행복을 맛볼 시간도 부족한데 아프라니. 그렇게 다 아프고 나서 행복을 맛보면 뭐할까. 이미 입맛은 뚝 떨어져버린 걸. 시대가 빠른 속도로 변해가고 있다. 청춘들이 분명 겉으론 훌륭한 인재상이 되어갈 수도 있다. 문제는 행복의 기준은 아주 단순한 것인데 우리에겐 그 시간조차 주어지지 않고, 주어진다 한들 사용하지 못한다는 것이다. 해보질 않았으니까.

도전은 참으로 멋진 것이다. 시대에 물들어 버렸다 한들 도전의 의미가 변하지는 않는다. 행복의 열매가 아주 가까운 곳에 있을 수도 있다. 차디찬 아스팔트 위를 걸으며 매일 쳐다보는 휴대폰 화면이 아닌 우리가 만나는 사람들의 얼굴 속 작은 미소를 바라보는 것도 좋은 방법일 듯하다.

청춘에게 있어 '실패와 도전'은 큰 주제일지 모른다. 그러나 내가 웃고 있지 않고 마음으로 걷고 있지 않는데 그것을 성공이라 말하고 도전이라 말한다면 그것은 큰 실패일 것이다. 좋아서 하는 일만큼 성공의 확률이 높은 게임은 없기에.

#과정

많은 변화의 과정 속 터널을 달려 나오면 그곳엔 또 다른 터널이 있을 거야. 창가에 김이 서린 시간까지도 기록으로 남는 하루야. 그렇게 당연하게 걸어온 익숙한 길목에도 다녀간 네가 남아 있을 테니 너무 걱정하지 말고 잠들어. 괜스레 뒤척인 그대에게 조금 더 행복한 내일이 되길 기도할게.

#밤비

힘들다 느끼던 어린 시절, 피부에 스미지 못한 힘듦의 온도는 차가움과 뜨거움을 반복했기에 비 오는 날이면 흐르는 눈물을 빗소리에 씻어버리곤 했다.

진짜 힘듦을 알아버린 지금, 먹먹함이 등가에 서려 울컥함조차 삭이는 계절을 보내니 괜한 어둠 속에서 흐르는 빗물이 야속하다 느껴진다. 그렇게 밤비가 찾아오는 날이면 멍하니 고개만 기울여본다.

#울림 속 떨림

가끔, 아무 말도 하기 싫더라. 자주 네 목소리를 들으려는지. _남

가끔, 아무 말이라도 하고 싶더라. 자주 네 두 눈과 마주하려는지. _여

그리고 우리 둘이라는 그림.

#첫 키스

메마른 네 입술에 따스한 숨결을 가득 담아
두 입술을 마주하려고 마주선 두 사람이
사랑이란 공간 아래 기억되는 시야만큼
행복으로 따뜻해질 두 마음을 바라본다.

두 마음만 바라보자. 두 입술만 마주하자.

#증거 그리고 텅 빈 것

음악소리보다 노래가사가 네 귀를 적시는 건 네 맘이 아프단 증거야. 콧노래를 흥얼거리지 못할 만큼 가사 속 이야기의 주인공이 되어버렸기에. 시간은 흐른다. 하지만 네 마음의 시간은 멈춰 있을지도 모르니 머릿속 건전지를 가끔 바꿔 끼도록.

#외로움

수없이 나를 찾아오던 외로움이 오늘은 왠지 낯설다. 시간의 흐름 속에 우린 같은 햇살 아래 걷고, 같은 노을빛을 맞는다. 밤이 찾아오는 오후, 햇살은 수줍게 밤의 품으로 숨어버리곤 한다. 그리고 새벽이란 친구 곁에 잠이 든다. 그렇게 우린, 내일이란 단어를 기다리며 하루를 마무리하고, 오늘이란 단어 아래 더 밝은 햇살을 마시려 걷곤 한다.

어두운 밤하늘 외로운 밤공기가 오늘은 낯설다. 오늘은 외로움조차 그리움에 사무쳐 보인다. 지쳐서일까. 나와 같은 마음을 이제야 알게 된 것일까, 궁금했지만 묻지 않았다. 때론 말없이 곁에 있는 게 힘이 된다는 걸 피부로 느꼈기에 수없이 기대온 외로움에게 오늘은 내 마음 한구석을 건네줄 차례인가 보다.

#그늘

나는 비록 뜨거운 태양 아래 서 있지만 누군가에게는 그늘을 주는 나무가 되려 합니다. 비록 길가의 한 그루 나무일 뿐이지만 언젠가 누군가를 웃게 할 추억이 되려 합니다.

#내딛기

한 걸음 내딛기가 어렵다는 걸 우린 모른 척하며 종종 걸어가. 두 걸음 나아갈 땐 그만큼 익숙해지더라. 익숙함에 속아 걸었던 그 첫 걸음걸이를 생각하지 않으면 안 돼. 그때 그 마음이 전해준 간절함의 도움닫기는 지금도 그댈 걷게 하는 토닥임이기에.
그래서 우리가 지금도 걸을 수 있는 거니까.

시작이 반이라면 나머지 반은 그 시작하던 마음으로.

#너에게로 가는 길

누구나 생각할 수 있다.
그러나 행동은 그렇지 못하다.
그래서 난 널 생각하며
행동하는 사람이 되려 한다.

생각+행동=곧, 너에게로 가는 길

#그늘진 바람

갑자기 바람에 휘날려 간 인연이 아쉽지는 않지만 떠나간 인연이 내게 안겨준 차가운 눈빛이 갑자기 스쳐오는 인연들의 숨결을 막는 건 아닌지. 스며들 그대의 인연조차 서리 낀 모습에 보이지 않는 건 아닐지 생각이 드는 밤.

멈춰버린 바람, 돌아서버린 바람.

#품

마음의 온도가 기억하는 그대 온기로만 가득했던 시간.

그대의 온기는 나만을 위한 항수.

#좋아하다와 잘하다

좋아하는 것과 잘하는 것에 차이가 없다고 생각하던 찰나의 순간이 고향 가는 길 기차 안에서의 마음처럼 빠르게 지나갔다. 분명 누구나 좋아하는 것이 있다. 특히 나와 같은 분야에서 공부하고 일을 하는 친구들의 경우에는 더욱 심하다. 진로에 대해 사실은 깊게 고민한 적이 없다. 이 말에는 모순이 있는 것 같지만 하고자 하는 일이 어릴 적부터 뚜렷하였기에 진로 고민에 대한 방향성이 조금은 달랐던 것 같다.

영화감독이라는 큰 그림이 있었고 연출이라는 명확한 공부와 그에 따른 연구, 과제가 있었기에 무슨 일을 해야 할지를 말하는 진로에 대한 고민은 없었다. 다만 어떻게 해야 할 것인가에 관한 고민이 컸던 것 같다. 단순히 좋아하는 마음에서 나온 오답은 아닌지, 기준점이 명확하다고 생각했던 내 생각의 회로에 오류가 난 것은 아닌지.

나는 아르바이트 경험이 많다. 꿈에 한 발짝 다가갈 수 있는 내비게이션을 사기 위해 많은 일을 했던 것 같다. 분명 스쳐간 분야들이였다. 그 일들이 다들 말하는 진로와는 관계가 없다고 생각했다. 나의 땀에 녹아든 노력과 나의 생각에서 묻어나는 열정만 있으면 된다고 생각했었지만 근본적인 행위를 하기 위해서는 돈이라는 물질적 종이가 필요했기에 그것을 얻기 위해 일을 했던 것 같다.

하지만 의외의 곳에서 잘한다는 이야기를 들었다. 그럴 때마다 '좋아하는 것과 잘하는 것은 다른 것인가.' 하는 생각이 가을비처럼 스며들었고 봄바람처럼 스쳐 지나갔다.
누구나 좋아하면서도 잘하는 일을 하고 싶어 한다. 그게 쉬운 일은 아니라는 걸 새해가 올 때마다 정동진의 일출이 많은 사람들과 인사를 나누는 것처럼 형식적인 보고서로 접해가는 느낌이다. 남다르다 생각했던 그 생각의 경계가 무너지는 것인지 '평범하게 살아왔다면 어떨까.'라고 후회 아닌 후회로 과거 선택의 순간들만 되감기할 뿐이다.

목표는 변하지 않았지만 고민의 우물은 점점 깊어지는 것 같다. 내년에 또 보신각 종이 울리고 내 마음에도 종이 울릴 때는 어떨지 궁금하다. 생각이라는 건 행동과 다른 경우가 종종 있으니 말이다.

좋아하는 것을 잘하며 사는 것이 이상적인 거라 생각이 들 때면 현실적인 것으로 그 방향성을 바꾸어보려는 노력을 작년부터 해왔다. 길가의 사람들 모두 따뜻한 마음을 품게 하는 벚꽃처럼 그 순간을 그리며.

오늘도 좋아하며 잘하는 일을 찾아 두 걸음 걸어본다.

#지난날 걸어온 여우비처럼

그대가 전해준 달콤한 봄내음이 이 마음을 적셔요. 그렇게 무심코 다녀간 그대. 착각의 각도가 너무도 컸던 것인지 180도로 마주한 그대의 두 눈망울을 잊을 수가 없네요. 기억 속에서 조각배를 타고 다가온 당신이 누군지 나는 몰라요. 잠시라는 시간동안 마주한 걸음은 벚꽃의 춤사위 속에서 내 마음을 그대에게 휘날렸죠. 벚꽃이 꽃놀이를 마치고 돌아갈 때쯤 내게 남겨준 건 그리움이란 그림자뿐인가요.

그대가 보여준 건 아련함이란 그림자뿐이겠죠. 그렇게 잠시 조각배가 이 마음을 흐를 때, 첫눈이 내려 온 세상이 새하얀 도화지로 물들어버릴 때, 그대와 나의 미소가 그려지길 기도했어요. 그리고 기다렸어요. 봄비가 적시는 시간이 왔고 이젠 추억의 그림이 완성되어 가네요. 걸음이 느려도 그댈 향해 걷고 있어요. 항해가 끝나는 곳에 그대가 서 있길 바라면서 먼 곳을 바라봅니다. 여우비가 다녀간 듯 봄 이슬이 내린 그 공간에 서 있을게요. 마음이 바라는 대로 그 시간, 잠시 설레요. 설렘이 끝나는 순간에 다시 시작할래요. 지금 그댄 내 마음 어딘가 걷고 있을 테니까.

지난날 걸어온 여우비처럼.

#쿵

오랜만에 다가온 마음이 쿵 하는 익숙한 이 공간.
달달한 음성은 귓가를 적셨고 달콤한 미소는 마음에 스며들지.
술 한 잔 건넨 그대인데 설렘에 취한 건지, 그대에게 취한 건지.
연을 날리지만 돌아올지는 모르는 낯선 이 순간.

술에 취한 건지, 그대에게 취한 건지, 이 마음에 취할 건지.

#전화번호

늘어나는 건 부재중 전화만.
기억나는 건 마지막 통화만.
지워지는 건 너와의 카톡만.
특별해진 건 그저 평범한 숫자만.

아무도 전화를 받지 않던 그날 밤.

#당신, 거기 있어줄래요?

모래시계 안에서 흐르는 모래도 결국 같은 모래이다.
몰아치는 운명도 노력의 기도를 품에 안아줄 거야.
내 곁에 서 있는 너도, 훗날의 너도.

조금은 오늘 하루가 불행할 수 없는 이유를 알겠다.

#욕심

사랑이란 게 서로 미루다 보면 만나지 못해, 다가온 사랑만큼은 그대가 먼저 욕심내야 해. 그대 발걸음을 주춤거리는 순간 다가온 사랑도 다가올 사랑도 살랑이는 봄바람 타고 다른 이의 품에 안겨버릴 테니까.

사랑엔 타이밍이란 게 중요한 것 같다. 좋아하는 마음을 가득 품은 아름다운 꽃일지라도 이미 떠나버린 꿀벌을 잡기는 어렵기에 그 순간의 용기는 욕심을 낼 만큼 중요한 것 같다. 지금 스쳐가는 사랑에 아쉬움이 남는다면 조금 더 욕심을 꺼내 사용해보는 것도 필요하다. 다만, 용기 있는 욕심과 단순한 호기심에서 오는 욕심은 분명 다르다.

사랑은 그만큼 진솔한 욕심을 필요로 하기에.

#아스팔트

아스팔트 위를 얼마나 걸어야 꿈이라는 달콤한 음료로 목을 축일 수 있을까? 요즘, 가장 많이 고민하는 한 가지는 똑같은 길 위에서 똑같은 사원증을 걸고 똑같은 하루를 살아가며 내비게이션에 나타나는 목적지로 갈 것인지 불확신한 비포장도로 위에서 나만의 길을 걸으며 지도에 없는 그곳으로 가는 모험을 할 것인지이다. 생각의 바다를 항해한다.

보물섬을 향해 나와 열 오른 아스팔트 위를 함께 걷는 이가 있었다. 고민 아닌 고백을 아스팔트 위 발을 내딛는 한 젊은이에게 묻는다. 그 젊은이를 따르던 그림자는 고개를 끄덕인다. 세상은 내가 꿈꾸던 이상과는 다른 현실을 마치 화려한 네온사인이 번쩍이는 식당거리의 뒷골목처럼 보여주는 것 같다. 그 친구는 알았을까? 노력이란 씨앗 없이는 결과라는 열매를 수확하는 기쁨을 맛볼 수 없다는 걸. 겁쟁이가 되어버린 건지 괜스레 인연들이 떠나가는 느낌이 자주 그림자와 함께 나를 따라 다닌다.

예전엔 그림자가 싫었다. 하루 종일 따라다니는 그 녀석이 귀찮기도 했고, 자신의 의사 없이 줄곧 함께하는 것도 싫었다. 하지만 이젠 그 그림자가 그립다. 그림자는 함께 뜨거운 햇살을 맞으며 삶의 무게를 나눠 짊어진 친구였다. 가끔 방향을 잃을 때에도 발걸음을 함께 할 친구가 없단 생각에 괜시리 두 발이 더 시리게 느껴졌다. 사랑에 관해서도 마찬가지다. 이별의 쓰디쓴 고배를 마시며 사랑을 배워갈 때도, 달콤한 마카롱을 깨문 듯한 사랑을 느껴갈 때도 함께하던 그 녀석이었다. 그런데 지금은 용기라는 로션을 다 써버린 건지 마음이 건조하다. 그 친구는 나에게 로션과 같은 존재였나 보다. 아스팔트 위를 걷다 보니, 그 녀석에게 새삼 고맙다.

#행복

누군가 부족하지도
누군가 넘치지도 않게
서로가 있기에 채워주는 것.

'함께'라는 의미에 행복을 더해.

#향수

사라져버린 향기를 찾아 걷다 보니
잃은 줄 알았던 그대 그림자만 덩그러니 남아 있더라.

다 써버린 그대 향수, 남아버린 그대 향기.

#감기

유난히, 겨울이다. 네가 없는 계절.

감기 조심, 마음은 추위를 많이 타요.

#첫사랑

가끔씩 파도처럼 휘몰아쳐서 내 삶에 많은 잔향을 남기고
지난날에 대한 향수로 잊었던 그날의 향기를 휘날린다.

마음은 기억하지만 두 눈은 보지 못하는 추억.

#늦은 오후

요즘 지인들과 통화를 하면 목소리 끝에서 짙게 지쳐 보이는 기색을 느끼곤 한다. 표면적으로 나타나진 않지만 왠지 알 것 같다.

수화기 너머 들리는 숨소리에 묻어나버리니까 말이다. 반복되는 일상 속에 행복도 지쳐 저녁노을 품에서 잠들었는지 아픔이라는 향수만 남기고 숨곤 한다. 격려와 위로 섞인 말을 해보지만 처진 어깨의 흐느낌이 보인다. 가장 힘든 시기인가. 삶에 쌀쌀하던 시기가 지나가고 벚꽃의 아름다움만 보여줄 것 같던 봄도 새벽녘 같은 지하철에서 귓가에 들리는 멜로디에 의지해 걷게 한다.

나 또한 그러하다. 목표는 분명한데 마음이 싱숭생숭 봄내음에 이끌려 마실을 나간 것인지 불현듯 텅 빈 느낌을 종종 받고는 한다. 갑자기 찾아온 늦은 오후의 봄비는 아픔을 씻어주는 듯했다. 그 아픔에는 수많은 의미가 있었다. 일 때문에 느끼는 고단함과 사랑에 대한 간절함, 가족에 대한 아련한 추억. 갑자기 찾아온 손님이 미소를 건네고 행복함만 안겨준 채 떠나가는 느낌을 하루 종일 받았다.

기다림에 기대어 생각이라는 외로운 터널을 걸어보았다. 잘 하고 있는 걸까. 잘 걸어가고 있는 걸까. 끝이 보이지 않는 터널인데도 계속 걸어야 하는 걸까. 망설임과 약간의 기대 사이의 고민이다. 내가 글을 쓰기 시작한 후로 가장 행복한 점은 세상에 나만 이런 생각을 갖고 하루를 의미인 듯 무의미인 듯 보내는 줄 알았는데, '같은 생각을 가진 이들이 있구나.', '가까운 사람들도 처음 본 사람들도 끙끙거리며 나와 같은 고민을 하는구나.'라고 느끼게 된 것이다. 더 글을 써야 할 나만의 명분이 생긴 것 같기도 하다. 쑥스러움에 거울 속 친구에게 어색한 미소를 건네본다. 조금 더 친절해야겠다. 봄비가 아픔을 가져가줘서 고맙다. '비 온 뒤 맑음'이란 말이 있듯이 내일 또다시 시작되는 하루에 나를 위로하는 꽃잎만 가득하길 바란다. 숨지 말고 이 마음 솔직히 말하는 하루가 되길 바란다.

#남과 여

무언가 심장을 두드린다. 두근거림이 높은 구두를 신은 것처럼 위태롭지만 예쁘게 보이고 싶은 날이 있다. 화장이 번져도 그저 웃어 넘겨본다. 그대가 웃으니 망가져도 좋다. 이 두근거림이 어디서 오는 건지 아무도 모른다. 거리를 거닐 때면 봄 햇살이 따뜻한 미소로 비추고, 풀려버린 신발 끈조차 이 마음을 두근거리게 한다. 질끈 묶고 너에게로 가는 길, 어떤 음악을 들어도 콧노래가 나오고 어떤 가사를 들어도 내 이야기처럼 알콩달콩하다. 그렇게 봄이 성큼 반기는 4월이 온다.

겨울은 이미 피곤함에 기절해버렸고 깊은 잠에서 깨어난 봄은 분주히 움직인다. 그 움직임에 내 어깨도 들썩인다. 사소한 무언가도 아름다워보이는 순간이 있다. 짝사랑의 아슬아슬한 줄타기에도 인기드라마 속 주인공처럼 위기를 이겨내고 사랑을 쟁취하겠다는 극본을 써본다.

사소한 카톡 물음에도 여러 의미를 담는 영화감독이 되고, 사소한 이모티콘에도 미술관의 유명한 전시품을 본 것 마냥 가슴 벅참을 느낀다. 사랑은 이렇게 사소하다. 사소한 게 사랑인가. 그 사랑의 사소함이 언제쯤 올는지. 오늘 밤 달달함에 취해 어둠도 두려워하지 않는 용감한 모험가가 되고 싶다. 그대들도 4월의 어느 날 '벚꽃엔딩'의 가사처럼 누군가와 둘이 걸어보는 건 어떨까. 봄은 이렇게 사랑꾼들을 위해 치장을 하고 벚꽃도 그대들에게 다가올 사랑을 응원하는 밤이다. 난, '사랑해요.'보다 '좋아해요.'가 좋더라.

설렘이란 봄바람이 불어오는지.

#숨, 쉬다

숨, 쉬고 싶은 밤이야. 새벽이슬도 내 마음을 적시는 밤이야.
숨, 쉬고 싶던 날이야. 빗소리도 그 마음을 스미는 날이야.
숨, 쉬던 그대야. 걷고 있는 이 순간, 잘하고 있단 말이야.
이젠 그 맘도 숨, 쉬는 날이야.

이젠, 그 맘도 숨 쉬는 날이야. 숨을 크게 한번 쉬자.

#잘자

사랑해. 사랑해. 사랑해.
그대 곁에 찾아온 햇살이 너무 따스해서
오늘 밤 내 맘속엔 어둠이 오지 않을 것 같아.

내일 아침도 맑음. 그대 미소는 밝음.

#보내는 이

기다림을 묻는 이에게 두근거림을 물었다.
두근거림을 가진 이에게 바라봄을 전했다.

사랑이었다.

#말 한마디

좋은 멜로디에 따뜻한 마음 담아 가사를 입혀보면
매일 밤 듣고 싶은 음악이 되겠지.
매일 밤 그려지는 그대가 되겠지.

가는 마음 고와야 오는 마음도 곱다.

#잘 지내

살랑이는 이 바람도 너를 기억하더라.
살랑이는 이 마음도 너를 추억하더라.
봄바람처럼 따스했던 네 미소를
푸른 하늘의 도화지 속에 그려보았어.

생각은 억지로 그려지지 않아. 그래서 추억과 기억일 거야.

#붉은 사과

사춘기라 하더니 돌아온 지금은 이 발걸음 어디로 향하는지 물어본다. 나는 나에게 물었다. 네가 품은 그 붉은 사과는 무엇이며 달콤하다면 한 입 크게 베어 물지 왜 더욱 익어가도록 가슴 깊이 품고 있냐고. 붉은 사과를 집어든 나는 나에게 말했다.

"조금 더 달콤한 곳에서 사과의 달콤함을 느끼려고 참는 중이야." 고개를 갸우뚱했다. 붉은 사과는 무르익어 단내가 저 멀리 창밖 바람의 숨소리를 타고 날아온다. 가장 맛있을 때 한 입 베어 물지 못하고 나니 점점 더 먹을 수 없게 되었다. 바라만 보고 있으니 베어 물고 싶던 그 붉은 사과는 이제 먹고 싶지 않아졌다. 모든 결정엔 시기가 있는 걸까. 모든 과정엔 선택이 있는 걸까. 베어 물지 못한 무르익은 사과를 우린 종종 쓰레기통에 버리곤 한다. 그렇게 오늘 밤 품은 그 붉은 사과를 크게 베어 문다. 훗날 달콤함을 그리워할지언정 아쉬움을 담고 싶지는 않다.

#두 걸음 뒤로

마주한 우리 둘인데 말 한마디가 그리 힘들까. 수화기 너머 마주선 너에게 떠나지 말라고 말하고 싶다. 우린, 이렇게 닮았어. 우린 그렇게 닮아갔어. 그런데 사랑이 닳은 걸까. 그렇게 닳아버린 걸까. 아직도 사랑하는데, 서로를 너무 잘 아는 우리인데 두 걸음 뒤로 멀어지려 하니까.

입술은 왜 안 떨어지는지. 말 한마디 어려울까. 생각으로 잠 못 드는 이 밤, 익숙한 네 목소리가 너무 듣고 싶은 밤이야. "보고 싶어."라고 지금 말하러 가야겠어.

널 담은 이 책을 들고.

#일시정지

너와 나의 마음은 왜 일시정지일까.
나도 모르게 그만 내 마음을 말할까 봐서
자꾸 이맘이 멈추는 건 아닐까.

빠르게 감아줘. 나를 향한 그대 마음.

#로맨스

모든 이야기는 언제나 너로 시작해 너로 끝나더라.
이제 우리의 이야기를 쓸 차례인 것 같아.

이 이야기의 시작과 끝엔 우리 둘이 서 있겠지. 두 손 꼭 잡고.

#그대

시멘트의 차가움과 매일 마주하는 그대에게.
오늘만큼은 고개 들어 하늘과 마주해 봐.
걸어온 발자국만큼 거기 남은 땀방울만큼
분홍빛 아름다운 햇살이 그대 피곤함 덜어갈 거야.

그대여 아무 걱정하지 말아요.

#고백

눈부신 건 너 하나뿐인데
나 하나만 그 눈부심을
즐겨도 될까.

나에게만 선글라스가 필요한 이유.

#불현듯

어디로 가야 할까, 목적지가 없어지는 순간에는 망설이는 발걸음만 초조하다.
불현듯 당연하게 매일 함께하던 모든 것이 사라지면 나는 어디로 향해야 할까?
이제 기대면 안 되는 나이가 된 것인지도 모르겠다. 혹은, 이 공간들이 당연하다 생각한 게 착각인지도.
갑자기 낯설어져 고개는 하늘을 마주한 지 오래다. 멋쩍음에 휴대폰만 바라본다.

#영원히

영원한 게 있을까? 나이를 한 숟가락씩 매년 떡국처럼 먹어가다 보니 떡국의 사골 국물같은 짙은 향기만 기억날 뿐, 짙은 기억만 스쳐갈 뿐. 새로운 환경과 새로운 직장, 새로운 사람들을 접한다. 지나간 것은 잊혀져가고 스쳐간 것은 지워져간다. '영원히'라는 단어, 참으로 감성적이다. 영원히 사랑할게, 영원히 기억할게. 영원히 노래방 애창곡 제목에 들어가 있을 단어 중 하나일 듯하다.

사람들은 '영원히'를 좋아한다. 하지만 나는 '영원히'라는 단어를 좋아하지 않는다. 지키지 못할 말은 안 하는 게 좋다. 영원히 사랑하겠다 말하던 남자는 영원히 떠나버리기도 하고 영원히 서로의 곁에 있자던 노부부 중 한 명은 홀로 먼 비행을 떠난다. 남겨진 이의 아픔을 영원히 과거의 기억이 치유할 수 있을지. 되감기를 해봐도 보이지 않는 공간의 그대는 매번 같은 모습으로 맴돌아버린다.

어릴 적, 영원히 지켜야할 것이 있었다. 하지만 난 지키지 못했고 떠나 보내야 했다. 그 이유로 '영원히'라는 어려운 단어는 잘 쓰지도 내뱉지도 않는다. 지금 이 순간을 사랑하자. 지금 그 모습을 바라보자.

하지만 '영원히'라는 말을 언젠가는 써야 할 것 같다. 그 순간이 온다면 다시 한 번 지켜봐야겠다. 그게 당신이 될지도 모르니.

#야경

한없이 눈앞에 아른거리는 나라서
한없이 두 눈 마주보고 잠들고 싶은 밤이야.
이 아름다움을 품고 그대 품에 안겨서 말야.

밤하늘의 별을 따다 내가 네 품에 안길지, 네가 내 품에 안길지, 서로의 품에 안길지.

#미래

아무렇지 않은 척해야 할 순간이 있어요.
숨소리조차 그런 그댈 아는지 망설이네요.
그렇게 우린 모른 척하며 새벽녘을 마주하죠.

아무렇지 않은 척 웃어봐요. 오늘도 이만큼 걸었으니까.

#물든 날

다시 사랑해서는 안 될 거라던 네가 그 작고 고운 손으로 내 투박하고 거친 손에 기대 너무도 익숙한 우리의 품에서 또다시 잠이 든다.

허전함으로 물든 지난날의 시간은 잊고 너와 나는 마음의 온기에 오랜만에 행복한 꿈을 꾸었어. 여전히 남아 있고 싶은 하루야.

#봄날엔

돌아보면 시간을 천천히 걸어온 나라는 초침은 꿈을 향해 돌지만 정확하지 못해. 일상의 햇살이 매일 눈부신 것처럼 빛나기만 하면 좋으련만 아늑한 잠자리도 한참을 걷고서야 마주하게 되니 말이야.

조금 처지는 날에도 미소를 더해 미친 듯 웃어보지만 지친 그림자는 오늘따라 어둠 속으로 숨지를 않아. 괜스레 밀려오는 서러움에 길가에 서서 눈물을 훔쳐봐. 그렇게 조금씩 지워냈던 아픔이 다가오는 봄날엔 미소로 피어나길 바라며.

#지우개

지나간 아픔을 지우기만 하다 보니
쓰고 있던 성숙한 내 모습도 지워지더라.

내 삶의 그림자까지도 지워지지 않는 내가 되길.

#누군지

머릿속에 그리는 거지 그리운 건 아니라고
마음속에 스며드는 너의 향기를 모른 척했다.
두 발은 이미 너에게 가는 중인데.

누군지가 중요할까, 내 맘은 이미 넌데.

#부재중 전화

잠결에 바라본 작은 빛줄기 속에서
새벽녘 다녀간 그대의 발자국을 보았다.
그곳엔 너무도 익숙한 번호가 놓여 있었다.

가끔 찾아오는 그 번호는 많은 상상을 하게 하더라. 지나간 시간조차도.

#가득

그 마음과 이 마음에 흐르던 묘한 기류가 이 마음을 그대 곁에 흐르게 하는 거야. 두 마음이 하나가 되는 건 쉽지 않더라. 감정선을 흐르던 묘한 기류처럼 짜릿하게 그댄 내게 다가섰고, 그댄 내게 돌아섰어. 나는 그댈 붙잡았고. 사랑에 수억 개의 실타래가 있다면 마음엔 수억 개의 페이지가 있을 거야. 그댈 담던 맘속 페이지는 어느 날 눈물에 젖기도 하고, 어느 날은 따스한 미소로 채워지기도 하지.

페이지가 가득 찰 때쯤이면 그 마음이 내게 스며들어 이 마음 곁에 흐르면 좋겠어. 한 권의 책이 완성된다면 우리 두 사람만으로 채워질 테니. 우리 두 사람만 아는 기억일 테니. 내 곁에 흐르는 이 마음이 단 한 번만이라도 네 품에 안겼으면 해.

#풍경

외로움에 찾는 사랑은
또 다른 외로움만 불러온다.
붙여넣기 하지 말고
새 문서에 그대 마음을 적는다면
그 마음도 너로 쓰일 것.

Ctrl+진심, 그대 맘을 채워줄 하나이길 바라.

#지평선

우린 마주선 채 각자 걸었어.
그래도 함께할 때가 가장 아름답더라.
우리 사이가 한 줄 멀어진 걸까.

살랑대는 숨결조차 뜨겁게 말을 걸어. "너흰, 함께할 때가 가장 아름다워."라고.

#불꽃

어둠 속에서 피어난 꽃이 말했다.

사랑 뒤에 오는 슬픔보다

이별 뒤에 오는 아픔보다

홀로라는 게,

어둠을 홀로 맞이한다는 게 힘들다고.

슬픈 꽃말이 생겼다.

그리움이 짙은 밤이면 슬픈 꽃말과 함께 피어나는 꽃.

#마음의 기억

네가 내 곁을 떠났다는 게 두려운 게 아니야.
내가 너의 앞에 다시 다가서면 되니까.
내가 정말 두려워하는 건 단 한 가지야.
내 맘이 기억하는 따뜻하기만 하던 네 눈빛이
나에게 차갑게 다가올까 봐.

내 맘이 기억하는 익숙한 네 눈빛이 낯설까 봐. 두려워.

#13일의 금요일

13일의 금요일은 나에게 중요하지 않아.
내게 더 중요한 건 13일 동안
네 생각을 했다는 거지.

기다린 건 이 마음이고 중요한 건 그 마음이지.

#또 다른 이름

누군가는 고독이라 부르지만
나는 너를 위한 기다림이라 불러.
고독의 또 다른 이름은
기다림이기도 해서.

마음이 느끼는 시간.

#너라는 계절

스친 봄과
머문 여름과
물든 가을과
스민 겨울.

같은 자리만 서성이던 나에게
매 순간 다른 감정들이 불어와.

같은 공간 속에 매번
너라는 계절을 가져왔다.

#미소

나에겐 널 웃게 하는 재주가 있어.
너에겐 날 위해 웃는 재주가 있지.
'함께'라는 단어 아래, 우린 한참을 웃었다.

미소로 시작하는 하루는 미소로 끝나겠지.

#철없이

시간의 더딤도 느낄 수 없을 만큼 무뎌진 순간은 갑자기 내리는 첫눈처럼 머리와 마음을 백지 상태로 만들어버린다. 어른이 되어가는 과정에서 가끔 만나는 주변 이들은 나에게 묻는다. 아니, 묻기보다는 이미 판단을 내린 후 내게 말을 전한다. "네가 좋아하는 일을 해서 부럽다.", "즐기며 일해서 좋겠다." 나를 어떠한 시각으로 바라본 것인지 저마다 부러움을 토해낸다.

아무렇지 않은 척하지만 사실 나도 때때로 그들이 부럽다. 사회구조 속 회사의 직위가 부러운 것은 아니다. 다만 평범하게 사는 기준에 속해 있는 모습이 가끔 부럽다. 친척들과의 대화 속 오고가는 자식이야기에 미소만 품은 채 닫은 엄마의 입술을 볼 때면 말이다. "아들이 행복한 게 나의 행복이야."라는 말씀이 쓰리고 아련하게 자꾸 생각난다. 난 참 철없이 행복한 사람인 것 같다. 좋아하는 일을 하면서 즐기며 살아가니 말이다.

예술이라는 창작 작업을 할 때면 짜릿함이 온 몸에 흐르며 행복하다. 행복을 숨기지 못하고 얼굴에 티가 난다. 아직은 많이 부족한 예술이지만 아니, 사실 예술이라 표현하기에도 부

끄러움이 크지만 앞으로 조금 더 좋은 영화를 만드는 사람, 조금 더 마음을 나누는 글을 쓰는 사람이 되고 싶다. 그러려면 나의 철은 조금 더 늦게 들어야 할 것 같다.

일상

바쁜 걸음의 시곗바늘조차
항상 그 자리로 돌아오듯
바라본 곳에 바라던 네가 서 있기를 꿈꾼다.

그곳에 서 있을 내 모습이 궁금해서, 오늘 밤 창가는 여전히 밝다.

#착각

착각이라도 좋으니 가끔 달콤한 빈말을 해주면 좋겠다.
햇살의 따스함이 내 맘을 데워주는 것처럼
그대 맘도 날 보면 갑자기 따뜻했으면 좋겠다.
마치 착각한 것처럼.

#친구

지독한 감기만큼 떨어지지 않는 외로움에게 물었어.

외로움이 되묻더라. 나마저 네 곁을 떠나면 네가 더 외롭지 않겠냐고.

그 생각이 너무 따뜻해서 이기적인 마음이 녹는다.

녹슨 마음 녹여줘서 고마워.

#거리

우리 사이의 거리가 언제부터였는지 두 걸음 가까워졌어. 거리를 걸으며 이런 생각이 들더라. 어느 순간 가까워진 것처럼 멀어지는 순간도 있지 않을까. 네 곁에서도 또 저만큼 멀리를 바라보는 나라서 괜스레 걱정이 되더라. 다음 번 이 거리를 걸을 때도 항상 두 마음 마주선 채 거닐고 싶더라.

#그릇

지나간 시간을 낚기엔 지나온 세월의 파도가 너무 거칠어. 흘러온 그 시간을 담기엔 이 공간 나란 존재가 너무 작은 걸지도 모르겠다. 그저 지나간 세월의 거친 파도를 돌아볼 뿐이다. 그 속에서 이렇게 작은 나를 새삼스레 바라볼 뿐이다.

#피어나

또다시 자라날 기억을 잘라 봐.
그렇게 또 스며들 추억 속 너인데.
떠난 그 자리에 꽃이 되어 자꾸 피어나.
아련한 향기를 삼키며 널 꺾으려다
이 마음은 물 대신 자꾸 눈물을 준다.

#서로의 밤

항상 외로운 사랑을 하는 너에게.
새벽이면 가끔 보고 싶다고 나에게 전화를 걸지. 모른 척 나는 너의 술 취한 목소리까지 안아주고 싶어서 아무 말 없이 네 마음을 들어. 네 목소리에 담긴 마음엔 내가 없더라도 난 괜찮아.

네가 조금 덜 아픈 사랑을 했으면 해서. 네 손을 잡을까 욕심이 들기도 하지만 항상 외로운 사랑을 하는 너에게 오늘만큼은 따뜻한 밤을 줄 수 있으면 충분하다. 서로 다른 기억을 가지겠지만.

#화분

너라는 미소의 씨앗이 내 맘 한구석에 자라
이젠 우리 둘의 이야기꽃을 피울 차례인가 보다.
내 맘 한켠, 두 사람이 그려질 한 공간.

이제 곧 피어날 우리 둘의 모습

#공간

무너진 마음이 다시 일어나는 법을 찾으러 간 곳에서 무너진 그대 마음이 우두커니 서서 아름답던 그 시절을 회상하고 있더라. 어떻게 해야 할까. 뒤집혀버린 마음이 거친 파도에 쓸려버린 건 아닌지 두 발자국 지워진 그곳에 남겨 놓은 마음을 바라보기만 해.

#성장

어른이 됐다고 느낀 건
맨날 마주하던 부모님의 신발이 낯설게 낡아 보이는 그 순간.
세월을 함께 걸어온 두 친구를 만나는 순간.

자연스럽게 마주하는 것들이 어느 순간, 낯섦으로 다가온다면 어른이 되어간다는 걸까?

#곁

그리움의 상처를 치료하기엔 텅 빈 그대 자리를
내 그림자가 아직 떠나지 못해서 그래.
아련한 향수로 남겨두기엔 텅 빈 그대 마음에
내 미소가 아직 맴돌까봐서 그래.

그래, 그대 아직 보고 싶어서 그래.

#당신

당신은 한없이 안아주었다. 품에서 놓아버린 자식의 발자국을 따라 걸으며 한 없이 품어주었다. 연락 없는 아들을 걱정으로 품에 안았고, 계절이 옷을 갈아입을 때마다 그녀는 그 자리에 서서 무정한 아들의 발걸음을 토닥이며 같은 곳에 서 있었다. 매일 행복만 챙겨 담은 작은 반찬통을 건네주며 가슴 한구석에 자리한 그리움을 한 장의 사진으로 달래면서 길 잃은 아들의 곁에서 기다리셨다.

아픈 마음에 억지로

따뜻한 마음 전하려 애쓰지 말아요.

때론 곁에 묵묵히 있어주는 게

아픈 마음에게 더 따뜻할 수도 있으니까요.

동행이란 게 꼭 말이 필요한 건 아니라고 생각해요. 특히, 마음은 더 그런 것 같아요.

잔향

창밖의 빗소리가 마음을 읽나 보다.
빗방울이 서서히 그치면 두 손 모아 기도해.
지친 그림자를 뒤돌아봤기에.

빗물이 흘려버린 그 마음처럼. 말하지 않아도 알아, 지친 그대 그림자.

#세상

새로운 세상의 내가 되고 싶어
또 다른 세상에 내가 되곤 해.

주인공이 멋있는 이유는 늘 그를 도와주는 사람들이 있기 때문이지. 그들이 없다면 불가능해. 주인공이 될 수 없지. 우리 삶도 그래. 주인공이 되려면, 주인공이 되고 싶다면 주변 이들에게 먼저 도움과 응원을 주는 내가 되어 보자. 그러면 언젠가 그댄 주인공이 되어 있을 거야.

#그림자

그리움이라는 친구는 항상
내 곁에서 묵묵히 바라봐준다.
마음의 성장에도 슬픔의 상처에도
행복의 그늘에도 항상 자리 잡은 그곳에서
두 걸음 떨어져 나를 사랑해준다.
이젠, 그 친구와 함께 걸어야겠다.
두 걸음 천천히 나를 사랑하려고.

어둠 속에 숨어버리는 그림자가 가끔 내 모습 같아서
이젠, 그 친구와 함께 어둠에 부딪치려 해.

#엄마와 텔레비전

엄마의 잔소리가 그립다는 말이 이해되는 때가 온 것 같다. 가끔 집에 갈 때면 한 해가 바뀌어도 엄마는 매번 같은 옷을 입고 있는 것 같다.

텔레비전은 그녀의 가장 가까운 벗이다. 세상 이야기를 나누며 회사 생활의 고단함을 달래고, 두 아들이 함께하지 못하는 긴 밤을 나누며 잠을 청한다. 받기에 익숙한 내가 언제쯤 주는 것에 익숙한 아들이 될런지 매번 집을 떠날 때면 엄마의 눈을 마주하지 못한다. 다 커버린 아들이 나도 모르게 늙은 어미의 품에 안겨 울 것 같아서, 더 이상 짐도 아픔도 주고 싶지 않아서. 오늘 밤은 그리운 잔소리를 그리며 좋은 꿈속에 잠든 엄마의 모습이 보고 싶다. 말없이.

#지평선처럼

이별 후 눈물에 아픔이 씻겨 내려갈 줄 알았지만
슬픔은 남겨놓은 채 너만 흘러갈 줄은, 나만 씻길 줄은
너도 나도 몰랐기에.
사랑에는 익숙했지만 이별에는 서툰 우리라서
단 한 번의 이별은 우리를 너와 나로 갈라놓았다.

마주하지만 닿을 수 없음을 이제야 깨달아버린 우리.

#또 하루

또 하루가 흘렀고
또 하루가 밀려온다.
또 하루를 기대하며.

그려온 삶 속에서 기억의 조각들을 모아보자. 그대가 가진 특별한 퍼즐은 기억이란 조각들로 완성되기에 말야.

#다시금
밀려오는 기억
삼켜버린 추억
쌓여버린 마음
다시금 두 발자국을 남기고 싶다.

#수

살다 보면 여러 경우의 수가 있지만
우린, 특히 실수를 미워해.
그저, 아름다운 수를 놓기 위한
연습의 실이라고 생각하자.

시범경기일 뿐, 이제야 본 경기.

#달

나는 달을 참 좋아해, 널 닮아서 그런지.
너는 달을 참 사랑해, 날 닮아서 그런지.
닮아가는 우리가 더 달달해질 때까지
닳도록 함께 하는 날들만 펼쳐지기를.
가끔 둘이 서서 달을 볼 때면
해가 뜨지 않길 바라.
네가 너무 좋아서인지
내가 그댈 닮아가는 건지.

#손길

그대가 내게 했던 잔소리들은 지난 날, 너의 사랑이었다. 아픔이 피부를 발그스레하게 만들 때면 유난히 그대 손길이 그려진다. 지워진 건 네 곁의 나뿐인 건 아닌지.

#사람 그리고 사랑

사랑이 있기에 사람도 있거든.
사람이 있기에 사랑도 있거든.
한때 사랑하던 그 사람
그대 곁을 맴돌고 있거든.
말 한마디 건네 봐.
그 사랑, 그대 품에 잡아두고 싶다면.

그래서 그대와 내가 있거든.

#어여쁜 너에게

사진이 참 안 나오는 너야. 잘 나오고 싶다며 찡찡거리는 모습조차 몰래 내 마음에 저장해. 나는 네가 사진이 잘 안 나오는 사람이라 한편으로는 너무 좋아. 어여쁜 모습을 나만 이 마음에 담아갈 수 있어서. 그리고 실물보다 참 못 나온 사진조차 내겐 너무 예뻐서 밤이면 키득거리며 내일의 너를 그려본다. 그 모습이 떠오르면 당장 달려가 내 품에 너를 안고 밤새도록 뽀뽀를 해주고 싶어져. 오늘 밤도 네 생각에 마음이 어여쁜 남자가 되어가.

#싸운 날

네가 날 울리든
내가 널 울리든
결국, 똑같이 아픈 건 우리 둘뿐이잖아.

사랑도 아픔도 우리 둘이서라면, 사랑하기에도 부족한 하루야.

#창가에 서서

포기해버린 당신의 아름다운 시절을 담아요. 예쁘게 피어나 꽃길만 걷게 해줄게요.

하늘에 내리는 단비가 그대 아픔을 씻어줄 거예요. 흔들림 없는 화분이 되어 드릴게요.

그렇게 담겨질 소중한 마음과 그렇게 키워갈 간절한 미래를 창가에 서서 기도해보아요.

#격려

길다고 느꼈던 하루라는 시간이 이제는 너무도 짧게 다가오고 사회의 찬바람도 불어온다.

누군가에게 건넨 명함 속에 내 모습이 갇혀버린 건 아닐까 생각이 들어.

작년의 많은 계획들을 올해로 이월했지만 커피 한잔의 여유가 그리운 밤이야.

식어버린 커피에 조금 더 나아진 마음의 시간을 담아서 다시금 마실래.

오늘의 걸음이 부딪친 지난날과 내일의 돋아남을 격려하기에 말이다.

#걸음

어렴풋이 스친 그곳에 멈춰선 네가 보였다.
결국 함께 있어야 걷게 되더라.

함께 있어야 걸어가. 마치 둘이 아닌 하나처럼.

#도전

실수한 나지만 도전한 내 모습이 남더라.

참 멋있는 단어다.

꿈이 있다는 건 더 멋있다.

그리고 그곳을 향하는 그댄 더욱 멋지다.

#높이 아닌 깊이

사람들은 누구나 높아지길 꿈꾼다. 직장생활에서 만년 과장을 꿈꾸는 이는 아무도 없을 것이며 모든 수험생들은 높은 등급의 수능 점수에 목을 맨다. 높이가 만들어낸 인간의 강박관념은 날이 갈수록 물가만 치솟게 한다.

세상을 향해 날개를 펼쳐야 할 이들이 비행할 시간도 없이 날개를 치장하기만 요구하는 사회가 점점 지배적이다. 그 사회의 울타리에서 나의 깊이를 잃어버리곤 한다. 스펙이라는 인간이 만들어낸 틀 속 우물 안 개구리처럼 비행기는 나는 법을 모른다.

비행을 해보자. 비행기는 중요하지 않다. 어디로 가느냐, 가는 목적이 무엇이냐가 중요하다.

#감정의 바늘

피부로 닿은 순간, 온 몸에 돌아버린 감정의 바늘이 잠들어 있던 감각들을 깨워 생각의 자물쇠를 열어준다. 손이 아닌 푸른 마음으로 하늘을 그리기로 했어. 꿈꾸는 모든 일이 그려질까 해서.

#눈려

온 세상엔 새하얀 눈꽃이 피어나지만
이 마음에 그 꽃을 피우기에는
아직도 너를 지워가는 도시가 밉다.

눈려 : 연약하고 아름다움

#문득

항상 아프지 말라고 말해주던 네가 마음에 아프게 느껴진다.
아픔까지 안아주던 너였는데, 슬픔마저 기대라던 너였는데.
다른 이의 품에 기대어 걸어가는 너의 뒷모습을 바라보니
이젠 아무것도 할 수 없음에 나의 모습이 다시금 낯설다.

문득 스쳐가는 순간에도 스며드는 뒷모습.

#속삭임

글이라는 것은 가끔 가슴이 답답하다 느낄 때, 마음에 빛이 들지 않을 때 따뜻한 떨림으로 다가온다. 글을 읽다 보면 작은 속삭임에 점점 빠져들게 되고, 어느 순간 글이 데려가는 상상의 바다에서 인어공주가 된 듯이 춤을 추며 여행을 떠나기도 한다.

한 줄 글귀에 힘든 짐을 내려놓기도 하고, 사랑의 감정과 살아온 인생이 바뀌기도 한다. 슬픔과 아픔을 이겨낼 힘을 받기도 하고, 새싹을 꽃으로 피우는 삶의 자양분이 되기도 한다.

한 줄의 끄적임이 우리 자신에게 얼마나 큰 위로와 힘을 주는지 안다면 당신은 자신을 진짜로 사랑할 줄 아는 사람이다. 글에는 각자의 방식으로 자신만의 삶을 살아가기에 충분한 영양분이 포함되어 있다. 한 번쯤 내뱉는 순간 사라지는 말이 아닌 당신의 매력을 가득 담은 글을 써보는 것도 좋겠다.

글의 작은 속삭임에 오늘 밤도 마음을 빼앗겨 글을 쓴다.

#좋겠다

우연히 바라본 그곳에 네가 서 있으면 좋겠다. 우연인지 필연인지 자연스럽게 나를 바라봐주는 네가 서 있으면 좋겠다.

무의식중에 일어나는 무릎반사마냥 나는 너에게 그런 존재가 되면 좋겠다. 새하얗고 달달한 라떼의 거품처럼 달달함만 주는 이가 되면 좋겠다. 네 마음속 깊은 골짜기를 흐르는 샘물처럼 속 시원하게 갈증을 해소해줄 그런 사이다 같은 사람으로 기억되면 좋겠다.

그냥 그 자리에 네가 서 있다면 좋겠다. 우리 함께 꽃을 피우면 좋겠다.
꽃향기로 가득 찬 봄을 가져올 테니까.

#늪

한 해가 지날수록 세상을 피부로 느끼는데
소중한 이는 '이 부분은 고치자.'라며 꾸짖는 친구이고
문득 전화 와서 괜한 염려를 하는 사람은 관계의 늪인 것 같
다.

#기로

마지막이 왜 그리도 선명했을까.
흐르는 시간은 너와의 기억을
흩트려놓았는데 말야.

이별은 또 다른 사랑의 시작이래.

#기준

옳고 그름은
마음이 느끼는 척도에 따라 갈리곤 한다.
도로를 달릴 때 적정선을 유지하기란 참 어렵다.

참 어려운 단어.

#첫사랑이었기에

첫사랑의 기억은 누구에게나 존재한다. 첫사랑은 출렁이는 파도처럼 어느 순간 내게 다가왔던 것 같다. 그리곤 머릿속 수많은 기억들 중 가장 강렬하게 이곳저곳 내 기억의 공간 속에 수를 놓았다.

시간이 흐른 뒤엔 '그땐 그랬지.' 하며 추억을 안주삼아 술 한 잔 기울이고 기억을 벗 삼아 지그시 웃곤 했다. 첫사랑은 생각만으로도 행복하게 했고, 사랑이란 단어의 정의를 처음 깨우치게도 했다.

그렇게 사랑의 사춘기는 지나갔고, 우린 그것을 첫사랑이라 부르는 것 같다. 아픔의 기억보단 행복하던 추억의 퍼즐을 깊숙이에서 꺼내 종종 맞춰보곤 한다. 그대도 누군가의 첫사랑이었기에 말이다.

#사랑에 관한 짧은 필름

사랑을 주는 것에만 익숙하던 나에게 처음으로 사랑을 건네준 너였기에 내 마음속 사랑에 관한 짧은 필름은 여전히 남아 있어. 가끔 시간을 추억할 때면 깊숙이 자리 잡은 그 필름을 꺼내 우리의 모습을 보곤 해.

집 앞에서 기다리는 시간조차 달콤하게 느껴졌던 나와 카페 창가에 기대 날 기다리던 너. 영화는 막을 내렸고 더 이상 관객은 찾지 않지만 이 사랑에 관한 짧은 필름은 은은한 향으로 아직도 내 마음을 적셔와 행복으로 가득하게 한다.

그 시절이 즐거움으로 가득한 놀이공원 같았고, 함께 있음에 감사했지. 내 삶에 큰 존재로 다가온 너였어. 이 필름은 언젠간 너무 낡아 볼 수 없게 되겠지만, 남아 있는 조각들은 강렬한 잔상으로 가끔씩 마음을 떨리게 한다.

#도약

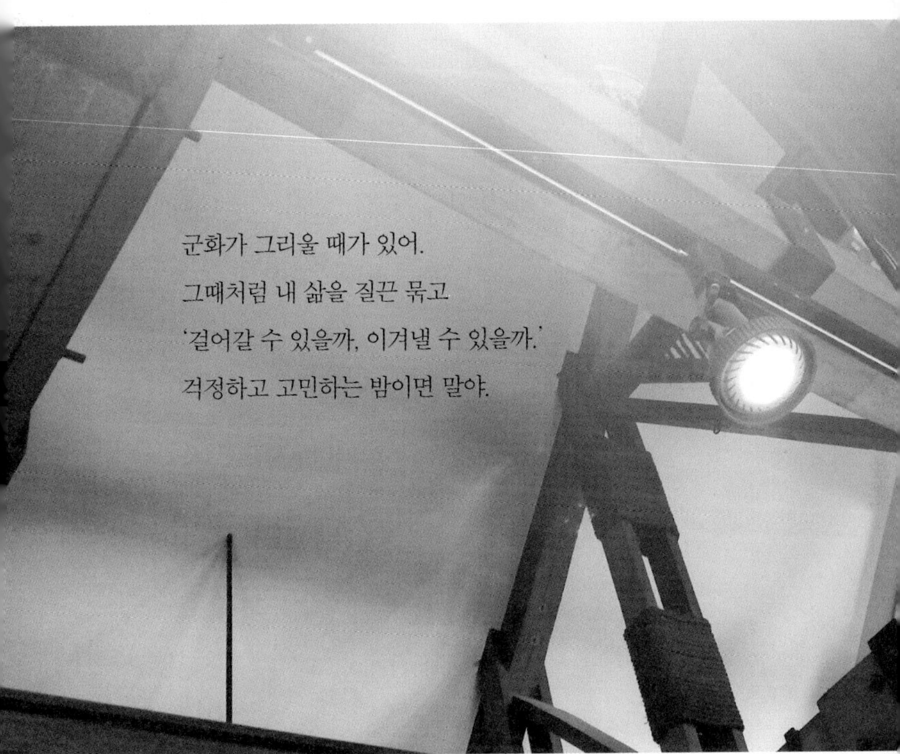

군화가 그리울 때가 있어.
그때처럼 내 삶을 질끈 묶고
'걸어갈 수 있을까, 이겨낼 수 있을까.'
걱정하고 고민하는 밤이면 말야.

#상처

낭만은 녹아내리고
함께 걷던 이 거리엔
그리움만 질척거리네.

덧나버린 아픔.

#시기

뒤돌아보면 매번 아쉬운 게 사람이고
항상 배고픈 게 사랑이다.

모든 일에는 때가 있는 법.

#거리에서

흘리고 간 아픔보다
담아왔던 행복이 크기에
챙겨왔던 기억들을
살며시 추억해.

함께할 수 있음에 감사해.

#식탁

식탁은 나에게 큰 의미를 준다. 온 식구가 모여 웃음꽃을 피우던 곳. 나에게 식탁은 행복의 상징으로 작용하는 것 같기도 하다.

어릴 적부터 사용하던 식탁은 그 기억조차 가물가물할 정도로 낡은 골동품이 되었다. 대학시절부터 자취를 시작하면서 차츰 식탁과 멀어졌고, 혼자 작은 밥상과 마주하는 시간들이 많았다.

나에게는 큰 꿈이 있다. 내 가족이 생긴다면 큰 식탁을 사고 싶다. 그곳에서 내 마음이 추억하는 웃음꽃을 피워 볼 예정이다. 꽃을 키우는 데는 소질이 없지만 밝은 햇살들을 더한다면 잘 자라줄 거란 생각이 든다.

온 식구가 함께 모여 먹는 밥 한 끼가 참 그리운 하루다.

#한결

잦은 마음의 외출은
자주 사랑의 자물쇠를 잠가버린다.

한층 더 식어버린 사랑, 한층 더 멀어진 사람.

#통화

목소리의 떨림이 내겐 너의 설렘으로 들려.

오늘 밤 밤새도록 네 소리가 맴돈다.

#작별

이별을 건너기엔
너무도 차가운 도시의
길목에 서 있는 우리다.

유일한 버팀목이던 너에게 마지막 인사를 건넸다.

#한화

몸서리치게 추운 날 그댄 나에게 말했다.
"마음이 녹는 계절이 온다면,
그땐 네 마음에 꽃을 피우고 싶어."
유난한 겨울이 지나고 간절한 봄이 피었다.

*한화 : 늦가을이나 겨울에 피는 꽃
늦게 핀 꽃은 꼭 만개하더라.

#미래

수많은 바람들이 모여
속 시원한 바람을 데려올 거야.

걷다가 넘어져도 툭툭 털고 일어나는 하루.

#정직

그림자의 무게만큼
정직한 게 없더라.
묵묵히 곁에 서서
백 마디 말보다
한 번의 끄덕임으로
나를 안아준다.

나 또한 그림자에게 그러한 존재의 그림자가 되려 한다.

#울적

빗물도 안아주려는지 충혈된 내 눈가를 적셔.
갈 길 잃은 발자국도 씻어주네.
한참을 서성이다 올라본 언덕 너머
빗소리조차 말 없는 그대 입가에 기웃거리네.

괜시리 울적할 때가 있어. 너만 그런 거 아니야. 나도 그래 가끔.

#입맞춤

농익은 봄내음이 두근거림을 증폭시키니
마음의 심장박동은 멈출 생각을 하지 않네.
그대 그리고 나의 숨결이 하나 되던 날 같다.

그 무엇보다 따뜻한 온기.

밤하늘의 달처럼 유달리 너에게 빛나는 나였고
밤하늘의 별처럼 유난히 내게 눈부신 너였지만
맴도는 두 마음은 닿을 수 없었다.

추억 속 너를 한없이 품어주었다.

#운명

어차피 만나야 할 운명이라면
내가 조금 더 사랑할래.
우리가 헤어지더라도
네 마음이 조금 덜 아프게.

사랑이란 건 원래 내가 조금 더 아픈 건가 봐.

#아버지

숨 쉬고 있는 공기가 사라지기도 전에
내 곁을 떠나간 당신.

내 눈가에 흐르는 지난 날
당신과 함께한 시간들은
유난히 오늘 밤을 잠 못 들게 합니다.

당신 곁에 서서 바라만 볼 뿐
아무것도 할 수 없는 내 모습이
당신과 함께한 심장 한구석을
아프게 합니다.

유난히 당신이 보고 싶지만
오늘도 품을 수 없음에
토해내는 그리움입니다.

사랑하는 내 친구 이상준에게.

#축복

한살을 더해가는 나이다. 벚꽃이 새하얀 분칠을 하며 단장한 봄이면 한 살을 더해가는 나이다. 벚꽃이 휘날리고 개나리가 달빛만큼 샛노란 미소를 건네줄 때면 내가 걸어온 시간을 되돌아본다.

일 년에 단 하루, 시계가 거꾸로 가는 날. 세상에 나라는 존재가 나타난 그날. 부모의 눈가를 적시며 탄생을 알렸던 그날. '나는 누구인가?' 하는 고지식한 질문을 되뇌어보는 의미 짙은 그날. 걷다 보니 뛰다 보니 어느새 그 작은 생명이 훌쩍 커서 부모님께 든든한 등대가 되려 한다.

한두 살을 더해가며 생일의 의미는 점점 변해가는 듯하다. 올해는 잘 보냈나, 거울 속에 비춰지는 익숙한 이에게 같은 질문을 매년 반복하곤 한다. 뒤돌아보면 중요하지 않다고 생각했던 그날도 내 곁에 남아 지금의 나를 만들었기에 매해 다짐한다.

올해는 조금 더 심장 쿵쾅거리는 삶을 예쁘게 빚어 어머니의 된장처럼 깊은 맛이 우러나는 사람이 되자. 말처럼 쉽진 않은 이 다짐은 나 자신에게 하는 작은 기도와 같다. 손을 모아 가슴에 얹는다. 세상에서 가장 큰 축복을 받은 나이기에 조금 더 이 축복을 나누고 살자고 생일의 의미를 다시금 머릿속에 그려 마음으로 칠해본다.

#틀

생각의 울타리에 갇혀 물속을 허우적거려.
마음의 상자 속에 잠겨 숲 속을 헤매곤 해.
틀에 갇힌 생각은 틀에 갇힌 나를 만든다.

액자 너머 네가 되길.

#붉은 사과

너 하나로 물든 내가 봄바람에 휘청거려.
나 하나로 물든 네가 벚꽃잎에 휘날리네.
휘날리는 너를 안아줄게.
스쳐가는 인연이라 생각하지 않아.
서로를 물들이는 연인이라 생각해볼래.

사랑 품은 사과.

#종이 한 장 차이

사회인이란 명함을 건네받은 순간
따뜻하던 숨결은 쌀쌀함으로 바뀌었고
감싸주던 시선들에선 냉정함만 느껴졌다.
종이 한 장 차이에 한숨만 쌓여간다.

명함을 만드는 방법만 배웠지, 명함을 사용하는 방법은 몰랐다.

#미지근

내 마음은 온수인데

네 마음은 냉수더라.

우리 마음이 미지근해진 이유야.

우리가 달라져서 우리 사랑도 미지근해진 걸까, 아니면 처음부터 달랐던 걸까.

#안녕, 그대여.

사랑이 시작될 때 '안녕'이란 단어를 써요.
사랑이 끝나갈 때도 '안녕'이란 단어를 써요.
가장 아름답고도 슬픈 인사.

우린 아름답게만 기억하자. 슬픔은 넣어두고 사랑만 챙겨갈게.

#문제

누굴 사랑한다는 게 문제겠어?
내가 널 사랑한 게 문제겠지.
다 퍼주니 떠난 그대.

내 품에 따뜻했던 온기가 사라지니 텅 빈 동굴처럼 너무 춥다.

#도움닫기

이 세상에 자신만의 스토리를 가지지 않은 주인공은 없다. 극중 주인공처럼 살아가는 우리들은 매번 희극과 비극을 오간다.

때론 노래 가사 속 비련의 주인공이 되기도 하고 드라마 속 신데렐라가 되기도 한다. 영화 속 피투성이 주인공이 되기도 하고 소설 속 주인공처럼 나에 관한 수수께끼를 풀며 자신을 찾아가기도 한다. 그 누구도 주인공이 아닌 적은 없다.

우리의 이야기는 이제 시작이다. 우리 삶의 프롤로그는 이미 시작되었고 이야기의 전개는 너의 도움닫기에 달렸다. 이야기의 결말은 어떻게 될지 모른다.

이제 못 다한 이야기를 시작하려 한다.

#소녀

기다린 만큼 눈물샘이 짙어진다.
다가선 만큼 더욱 멀어지는 마음에
널 좋아한 만큼 내 모습이 작아진다.

#소년

눈물샘만큼 아픔도 짙어져서

기다린 만큼 기억도 흐려진다.

널 좋아한 만큼 내 모습도 작아진다.

#환승

모든 이야기의 시작과 끝은 너인데 열린 결말이 되었어.
경솔하게 말하기 싫어서 이제야 버스에서 내렸는데
넌 이미 내 곁을 맴돌다 다른 버스를 탄 듯해.
결국 엇갈린 시간과 마주했어.

#흔적

지나간 사랑을 붙잡고 물었다.
그 사람이 내게 사랑인가요?
마음이 이토록 토로한다면
그 사람은 그대가 사랑한 사람일 거야.
그 사람도 그대에게 사랑을 남긴 거니까.

작은 흔적도 마음을 토로하게 해.

#금지시대

살아가다 보면 금지라는 단어를 많이 듣곤 한다. 세상에는 왜 그리도 금지되는 일이 많은지 분명 거기엔 명백한 이유가 있을 것이다. 어른이 되어가는 과정에서 특히 금지라는 단어가 꽉 막혀버린 퇴근 길 차량들처럼 삶을 빼곡히 메운다.

주가는 떨어져도 금지라는 녀석은 떨어질 기미를 보이지 않고, 혼잡한 뉴스로 가득 찬 매일 밤 9시 뉴스를 보면 금지는 갈수록 많아져만 간다.

억압받고 사는 걸 너무도 싫어하는 나지만 금지시대에 살고 있다. 금지라는 이론적 설계만 완벽한 세상. 그와 다르게 노는 실시간 검색어의 금지된 단어들. 금지시대가 얼른 지나가야 한다. 문제가 발생하지 않으면 금지시대는 다시금 오지 않을 것이고, 틀 안에서 일어나는 자유로운 행위들은 억압받지 않아도 될 테니. 금지시대가 가고 조금 더 자유로운 공간 속에서 금지라는 행위 없이도 양심적으로 행동할 수 있는 세상이 오길 바랄 뿐이다.

#얼어버린 시간

첫눈처럼 너에게 가겠다 말하던 내가
녹아내린 눈길 사이로 걸어갈 너와 나를 보길 바랐다.
찬란함 속에서 피어난 너라는 계절과
우리라는 새로운 계절을 그렸다.
한번쯤 행복의 그늘 아래 너와 달콤함을 느끼길 바랐다.
그러나 바람이 차가운 숨결로 돌아온 지금,
나는 얼어버린 시간 속에 있다.

얼어버린 시간 속 녹아버린 기억.

#감정

사랑이란 감정의 소모가 이토록 기분을 좌우하고
생각을 끊임없이 몰아칠 줄은 몰랐다.

그대가 이 마음에 떨어졌다. 너무 달콤한 너였다.

#시선

사람과 사람 사이에서
다름이 틀린 것이 아니라는 것을 배워간다.

당신은 틀리지 않았다. 다만, 다른 것일 뿐.

#성장통

이성적인 세상 속에서 감성적인 생각으로
아무렇지 않게 살아갈 수 있을까.

그렇게 하루가 지났다.

#볼빨간사춘기

무작정 시작한 너란 멜로디에
무심코 다가선 나란 가사를 더해.
우연히 마주한 우리란 음악이 흘러.

푹 빠짐. 너에게.

#구의동패밀리

영화사 제작부장인 집주인 문부장과 최근 새로운 광고 회사로 직장을 옮긴 안PD, 그리고 어리숙한 글쟁이이자 영화감독을 꿈꾸는 한 친구가 뒤엉켜 매일 밤 우리만의 예술을 그린다.

7년 전 이 녀석들과의 첫 만남은 심상치 않았다. 이 친구들과 어울리지 못할 것 같았다. 지금 생각해보면 그 생각은 참 어리석었다. 예술을 하고 싶어하는 나의 마음에 가장 큰 버팀목이 된 게 이 두 친구이다. 방황의 길을 걸을 땐 따끔한 충고를 서슴지 않았고 기쁨의 축배는 누구보다 먼저 들어 환영해주는 사람들이다.

나의 유난한 감성까지도 인정해주는 이 녀석들과의 소주 한 잔이면 힘이 날 정도이니까. 바라는 것 없이 곁에 서서 나란 사람들 그대로 인정해주는 이 친구들과의 브로맨스는 앞으로도 계속 상영될 예정이다. 삶의 마지막 크레딧에 이 두 친구와 함께 이름이 올랐으면 좋겠다.

#연락

무작정 누군가가 생각나 안부를 묻기도 하고 오고 가는 짧은 문장으로 약속 시간을 정하기도 한다. 부모의 안부를 묻기가 쑥스러워 망설이다 끊어버린 전화에 불현듯 죄송함이 밀려오기도 하며 새벽녘 밀려든 옛사랑의 추억에 무심코 "잘 지내?" 라는 터무니없는 인사를 건네기도 한다.

평범한 숫자의 조합이 특별한 의미로 다가오기도 하고 그리움으로 남기도 한다. 한 해가 흐를수록 한정적인 시간 때문인지 무의미한 통화는 없어지는 듯하다. 연락이란 말이 의미 있는 단어로 다가오기 시작한 하루다. 목소리에 담긴 감정이 그대에게 순간의 감성이 아닌 의미 있는 감정이 되길 바란다.

#간직

그대 기억 속에 내가 산다면
품어온 추억 속에 네가 설 텐데.

소중히 지키고 싶은 것. 너와 널 사랑하는 이 마음.

바람이 불어도 모든 걸 다 이해한다 말했지만
가끔 밀려오는 파도에 조금씩 모래가 쌓여가더라.

작은 것도 쌓이면 얼마나 무서운지 알게 된 시간.

#동행

함께의 가치는 한 걸음 먼저
두드린 마음에서 시작된다.

마음+마음=

#첫 만남

누구에게나 첫 만남의 순간이 있다. 어렴풋이 기억나는 순간들이 훗날 웃음 지을 만한 추억으로 다가오곤 한다. 첫 만남에서 첫인상을 받긴 하지만 첫 만남이 그리 중요하다고 생각하지는 않는다.

소개팅으로 만난 그녀는 우연히 내 연인이 되었지만 첫 만남 때 느낀 첫인상과는 또 다른 느낌으로 지금 날 바라봐주고 있다. 첫 만남의 기억은 컴퓨터 오류처럼 기억하고 싶은 부분만을 담는 경우가 종종 있으며 때론 착각의 각도가 너무도 커서 심한 부작용을 가져오기도 한다.

우린 첫 만남의 향수를 종종 꺼내 뿌리곤 하는데 그 향기가 다 사라질 때쯤이면 지난 기억보다 오늘날의 모습에 익숙해져 있다. 그렇게 첫 만남의 추억도 서서히 오늘날이 되어 누군가에겐 짙은 바람으로, 누군가에겐 아련한 향기로 기억되는 것 같다.

#365

우리는 일 년을 365일이라 한다. 그렇게 365일 중 하루가 스쳐갈 때는 모르지만 지난 시간들을 되돌아보면 그 하루하루가 나에게 얼마나 큰 의미로 남았는지 새삼 느끼게 된다.

그렇게 일 년이 지나고 새로운 한 해가 다가올 때쯤이면 지난날을 회상하며 생각에 빠지기도 하고, 감성을 적시는 음악 소리와 함께 회상에 잠기기도 한다. 또 다가올 시간들에 상상을 더해 앞날을 그리기도 한다.

365일 동안 걸어왔다는 것은 대단하다. 앞으로 또 365일을 더 걸어가야 한다는 생각에 스스로를 토닥인다. 그렇게 노을이 잠들 때면 어둠을 벗 삼아 잠 못 드는 이 밤에 빛나는 별들을 더해본다.

#미소

어떤 이유인지 웃음이 끊이질 않았다.
바라만 봐도 절로 미소가 피어나는 그대는 내 사랑.

마음에 핀 꽃.

#다툼

너를 잃고 싶지 않아서 붙잡은 시간은
왜 이리도 느린 건지 모르겠다.

내 마음 한 번만 불러줘요.

#긍정

긍정적인 마음에서는 상쾌한 설렘의 향이 난다.

다가올 계절엔 부정적인 침묵에도 긍정으로 답하련다.

#그날

모든 순간 그랬다.
작은 핑계도 어린 질투도
그저 사랑으로 안아주었다.

모든 날이 그랬다. 그댄 나의 모든 날이었다.

#진심

진심이 묻어나는 말 한마디가 그리도 어려운 걸까. 잔잔한 마음의 파장에도 흔들리는 나를 볼 때면 응어리졌던 눈물이 흐른다. 살다 보니 다가오는 시간들을 진심으로 대하기가 점점 어려워진다.

보고 싶은 지난 연인을 붙잡을 용기조차 나를 피해간다. 지난날의 기억 속에 사는 나지만 현실의 내 모습을 빤히 마주해본다. 온실 속 화초 같던 나에게 겨울은 유난히 추웠다. 작은 바람에도 움츠리는 이 마음속 진심을 말하지 못하는 나에게 묻고 또 묻는다.

꿈에 관한 내 진심은 무엇일까. 조금 더 뜨거웠던 마음에게 묻고 싶다. 진심이 쌓여가는 계절이 오면 좋겠다. 봄을 기다리며 온기를 더해 마음에게 묻는다. 진심에 관하여.

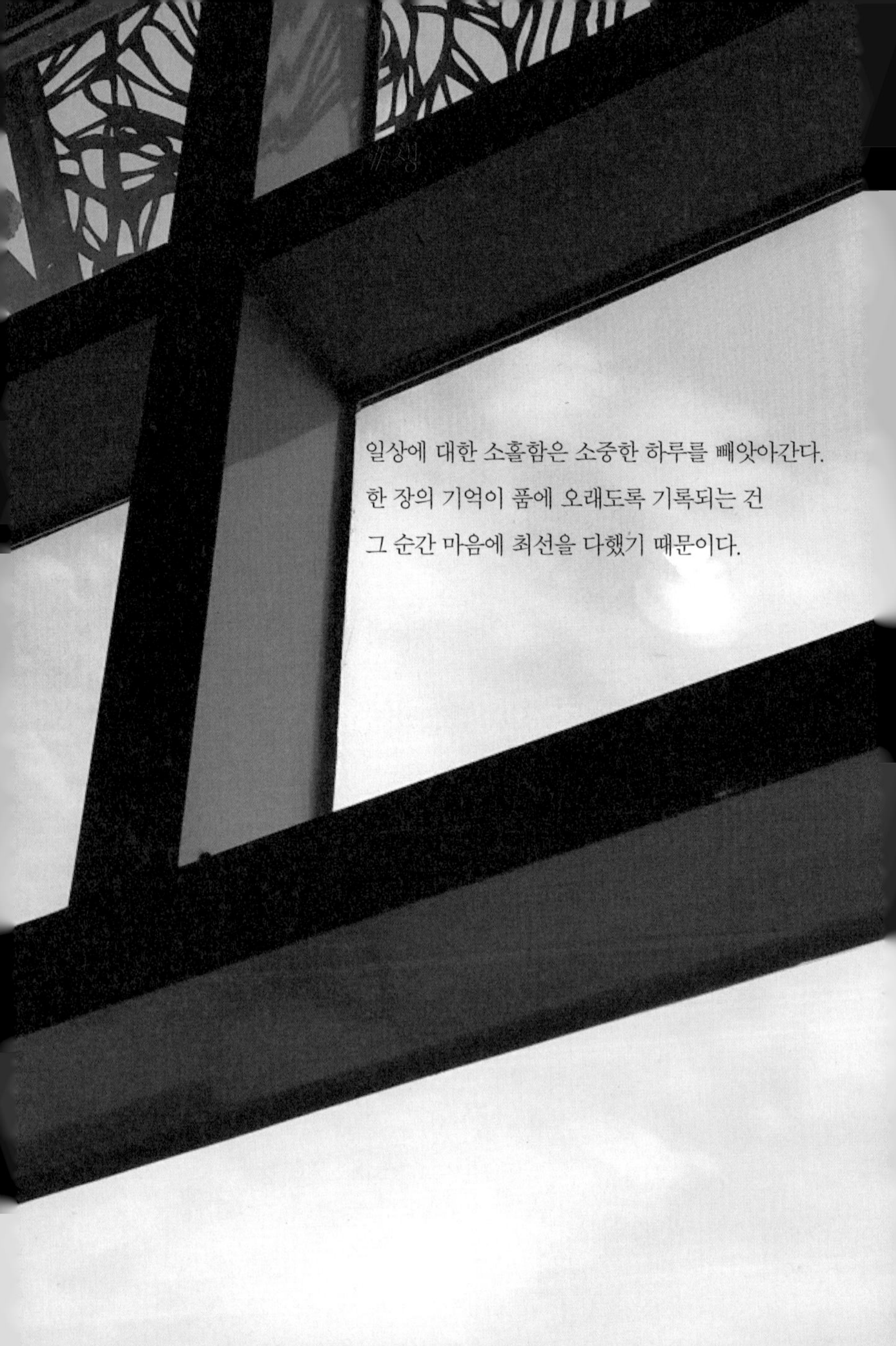

일상에 대한 소홀함은 소중한 하루를 빼앗아간다.
한 장의 기억이 품에 오래도록 기록되는 건
그 순간 마음에 최선을 다했기 때문이다.

#짝

사랑해서, 좋아해서 미안해요.

난 그대의 짝이 아닌 짝, 사랑인가 봐요.

또다시 마주한 착각

#소독

매번 투덜거리는 나를 자주 토닥거리던 너라서
작은 아픔도 함께 나눌 수 있었기에
너와 함께한 시간들이 사소한 일상의 아픔들을 잊게 해주었다.
응어리진 아픔까지 두 사람의 눈물로 치유되는 하루다.

#어른이 된다는 건

하루 중 우리가 자신을 사랑하는 시간은 얼마나 될까.
마음에 다가가는 문은 굳게 닫혀 있어.
항상 그 자리에서 너의 걸음을 기다릴 거야.
가끔은 문 너머에서 기다리는 나에게 인사를 건네 보는 건 어떨까.
"힘들지? 조금만 더 견디면 봄이 올 거야."

점점, 나에게 인사하기 힘든 건가 봐.

#비상구

어두운 마음속 유일한 비상구이던 너인데.
이젠 그 비상구로 나갈 수 없어서 한없이 헤매다 잠들어.
결국, 잊혀지는 건 너의 기억 속 나뿐인 걸까.

돌아가는 길은 외로워. 어둠이라서. 그런데 그 어둠마저 너를 기다려.

#편

너의 얼굴에 피어버린 먹구름이 미워
꽃 피울 봄의 미소가 네 곁을 서성인다.
내가 너의 편이 되어서
묵은 얼룩 같은 아픔 한없이 안아줄게.

내가 안은 건 너의 아픔. 넌 그저 널 사랑하는 내 마음만 품어.

#빈자리

내 곁에 수많은 발걸음이 오갔지만
여전히 너의 빈자리가 크다는 걸 느껴.

유난히 네 자리만은 그렇더라.

#작별

무심히 내 곁을 떠나간 그대는
말 없는 사랑만 내 품에 남겼다.

대답 없는 그 마음에게 물었다. 내게 남겨둔 사랑은 뭐냐고.

#눈웃음

사랑에 사람을 더해보니, 너라는 결론이 나더라.
우리 서로 웃으며 바라보는 지금
'우리'라는 계절에 서서 '둘'이라는 풍경을 마주해.

#성장기

나는 그렇게 남을 신경 쓰는 사람이 아니다.
그런데 점점 남에게 신경 쓰이는 사람이 되고 싶다.
어른이 되는 길목에서 보니 세상 누구도
나를 신경 쓰지 않더라.
나 또한 그런 어른이 되어가는 건 아닌지.

#피붙이

한참을 아이 같던 네가 가을바람에도 겨울의 몰아치는 눈발에도 다가오는 봄을 즐기며 여름의 뜨거운 햇살에도 웃음을 잃지 않는 아이로 성장하더라.

유독 모자란 네 피붙이는 건네줄 것이 격려뿐이라 쉽사리 다가가지 못하고 마음의 체증만 쌓여가는구나. 아픔을 이긴 성장에도 고독과의 외로운 사투에도 건강한 너에게 말없이 건네줄 것이 웃음뿐이라 쉽사리 돌아서지도 못하고 미안해하는구나.

그렇게 성장하는 너의 걸음도 그렇게 나아가는 나의 걸음도 푸른 하늘에 맑은 수를 놓는구나. 피붙이라는 인연의 고리가 이토록 미안한 늦은 새벽에도 보고 싶은 마음은 어둠을 밝힐 만큼 커져가는구나. 고맙다. 부족한 형에게 든든한 네가 되어줘서.

나의 널 생각하는 마음이 너의 작은 어둠까지 밝혀주는 내일이 되면 좋겠다.

#곁에 서서

그대는 내 삶의 잔상이 되어버렸어요. 유난히 마음에 스미는 이 햇살조차도 그대가 아닐까 하는 생각이 드네요. 달빛조차 그대를 뒤척이게 할까 조심스럽게 새벽녘 사랑을 전해요. 나는 나무가 되어 그대의 그늘이 되겠어요. 힘들면 기대요. 난 항상 그대 곁을 맴도는 위성이 되어도 좋으니까.

#니생각

해가 뜨면 너를 밝혀주겠지.
밤이 오면 네가 밀려오겠지.
니가 울면 내가 안아줘야지.

#행복의 기준

익숙함에 묶인 걸음은
내일을 더디게 불러와.
모든 일엔 시기가 있고
결국 세상의 중심은 나더라.

#아름다운 건

꾸밈없는 당신의 마음은
당신을 진정 내면까지
아름다운 사람으로 꾸며준다.

겉과 속이 다른 사람은 결코 아름답다 말할 수 없기에.

#감정의 시기

무관심에 소리 내어 울지만
이미 닫힌 마음은 관심이 없다.

떠나간 버스는 답이 없다. 돌아오긴 하겠지만 긴 시간이 필요하다.

#또 하루

과거를 추억하는 것과
미래를 그려가는 것에
익숙한 우리는
오늘을 걸으며 내일을 기약하고
내일을 걸으며 오늘을 추억한다.

#그대가 있다

그에게 전한 건 수줍은 사랑이었다.
그녀에게 보인 건 행복한 사랑이었다.
둘만의 공간에 서 있는 우리는
서로 사랑하는 사람들이었다.

닮아가는 우리.

#다짐

오늘과 다른 나를 그리며

어제와 같은 나를 부른다.

#기억이란

사람들은 항상 미래를 향해 걷지만
그러면서 자주 과거에 머문다.

#재회

돌아간 걸음은
너라는 시간을 주었고
피어난 추억은
너라는 공간에 서도록 했다.

#날씨

날마다 날씨가 다르듯이
날마다 마음도 달라.

오늘 잠깐 비가 내리는 것은
다음 날 푸른 하늘에 떠오를
무지개를 보여주기 위해서일 거야.

#여전히

사랑만 하기에도 부족한 시간에
이별을 전하기에 바쁜 너야.

사랑만 생각하기에도 부족한 나는
이별통보를 받은 오늘 밤도
여전히 네 생각을 하느라 바쁘다.

#짝사랑

언제쯤이면
하루를 기록하는 당신의
일기장이 내 이름으로
가득해질까요?

가끔 혼자인 공간 속에 밀려오는 설렘.

#한없이

처음부터 예뻤고 지금도 예쁘고
나와 함께 해줘서 더 예쁘고
너의 모든 것과 너와 함께하는 모든 순간이 다 예쁘다.

내게 그댄 한없이 예쁘다.

#실수

옳고 그름의 기준은
사회적 지위도 시대적 상황도 아니다.
사실은 마주 선 상대의 눈 속에
그 답이 있더라.

#지키고 싶었던 사랑이기에

"변하는 게 사랑이라던데 다행이다.
그나마 너라는 사람만 변해서."라고 말했다.
말없이 돌아선 너에게 진심을 말할 수 없었다.

사랑 주던 너에게 거짓말을 했다. 처음이자 마지막으로.

#마음은 그래

보이는 것에 익숙해져
정작 잊고 사는 것이 있다.

마음과 마음의 통화는
서로 바라보며
있는 그대로 안아주는 것이란 걸.

가끔, 수화기는 내려놓고
곁에 머물러주는 것 말야.

#진심

세상에 같은 사람이 없는 것처럼
세상에 똑같은 마음도 없어.

세상 누구와도 다른 너이기에.

#간직

아무도 모르면 어때.
내가 좋아하는 네가
아무나가 아니란 뜻인데.

#필요

너는 나란 사람이 필요했고
나는 너란 사랑이 필요했어.

마음은 이렇게 한 끗 차이야.

#응어리

한참을 서성이는 너를 한동안 바라보며 망설임의 이유를 물었다.

말없이 답하던 우리였다.

“사랑했고 사랑받았고 여전히 사랑하니까.”

멀어지던 발자국이 약속했다.

걸음을 멈추게 하는 건 아주 사소한 마음의 응어리들이더라.

#연인에게

어둡이던 나에게
너라는 달의 조각이
다가왔다.
포근한 별들로 가득한 밤이다.
두 마음이 서로의 품에 기댄다.
사랑해가 떠오를 때까지.

#행복의 더함

누군가를 위해 무언가 해줄 수 있다는 것은 참 행복을 더하는 일인 것 같아요. 작고 사소한 일이 마음을 움직일 수도 있으니까요. 우린 기쁨을 받는 게 좋다고 말하지만 사실 기쁨을 전하는 것에도 익숙하고, 행복이 더해갈수록 감사함을 느끼게 되는 것 같아요.

마음의 기록물

마음의 기록물은 부족한 나를 돌아보는 가장 따끔한 충고 혹은 격려인 것 같습니다.
오늘도 순간의 감정과 하루의 느낌을 기록하는 내 모습을 볼 때면 나는 참 부족한 사람이지만 그렇게 기록한 시간들이 움츠러든 어깨를 다시금 펴게 하는 기억들로 남아주기를 바랍니다.

스며든 시간들과 스쳐간 순간들, 수많은 감정들과 수많은 인연들, 그리고 청춘이란 그림자를 곁에 두고 걸으면서 느낀 점들을 담아본 한 권의 기록물입니다.
나와 같은 생각을 가지고 살아가는 이들에게 작은 힘이 되었으면 하는 바람도 가져봅니다. 다가오는 봄, 식어가는 감성에 따스한 온기를 담아 줄 부족한 마음의 기록물을 전합니다.

곧 불어올 봄바람이 움츠러든 그대의 마음을 활짝 열어주길 바라며 민감성의 첫 번째 기록물을 마칩니다.